Max Miller

Das Jagdwesen der alten Griechen und Römer

Für Freunde des klassischen Altertums und den gebildeten Weidmann

nach den Mitteilungen der alten Schriftsteller dargestellt

Max Miller

Das Jagdwesen der alten Griechen und Römer

Für Freunde des klassischen Altertums und den gebildeten Weidmann nach den Mitteilungen der alten Schriftsteller dargestellt

ISBN/EAN: 9783955641344

Auflage: 1

Erscheinungsjahr: 2013

Erscheinungsort: Bremen, Deutschland

@ EHV-History in Access Verlag GmbH, Fahrenheitstr. 1, 28359 Bremen. Alle Rechte beim Verlag und bei den jeweiligen Lizenzgebern.

Das
Jagdwesen
der alten
Griechen und Römer
für
Freunde des klassischen Alterthums
und den gebildeten Weidmann
nach
den Mittheilungen der alten Schriftsteller
dargestellt
von
Max Miller.

München 1883.
Verlag von Heinrich Killinger.

I.
Jagdschriftsteller.

Ueber das Jagdwesen der Alten herrschen trotz des reichen Materials, welches die alten Schriftsteller über diesen Gegenstand bieten, doch nicht allenthalben die richtigen Vorstellungen. Der Grund hievon liegt wohl darin, daß die Werke der Jagdschriftsteller der Alten im allgemeinen weniger beachtet und gelesen werden und daß sich darauf bezügliche Notizen in den Handbüchern und in den Kommentaren zu den Werken der Alten nur da und dort zerstreut finden, während es bisher an einer Schrift gefehlt hat, welche das gesamte Jagdwesen der Alten übersichtlich dargestellt und dadurch einen vollständigen und allseitigen Einblick in dasselbe ermöglicht hätte.*)

Indem ich nun, selbst ein großer Jagdliebhaber, den Versuch mache, ein zusammenhängendes

---

*) Ein Programm des Gymnasiums zu Rottweil (1848) behandelt einen Teil dieses Gegenstandes: „das Weidwerk der Römer von Professor Lauchert, eine archäologische Studie."

Bild des Jagdbetriebes der Alten auf Grund von Mitteilungen der Jagdschriftsteller und einzelner Bemerkungen anderer Autoren zu geben, möchte ich sowohl dazu beitragen, daß dieser nicht uninteressanten Seite des Kulturlebens der Alten die verdiente Würdigung zu teil werde, als auch einen Beitrag zur Geschichte des Weidwerkes, die für die neuere Zeit so treffliche Bearbeiter gefunden hat, liefern. Und ich meine, es verlohnt sich der Mühe, diesem Gegenstande Aufmerksamkeit zu schenken; denn, was die Griechen und Römer auf diesem Gebiete geleistet haben, verdient volle Bewunderung. Man muß staunen, welch' reiche Beobachtungen und Erfahrungen ihnen zu gebote standen, mit welcher Umsicht sie zu werke gingen, und welch' prächtige Erfolge sie trotz der ihnen im Vergleiche zu unserer Zeit geringen Hilfsmittel erzielten.

Ehe ich aber an die Darstellung des Jagdwesens gehe, muß ich noch einen kurzen Ueberblick über die Werke der Schriftsteller geben, denen wir die hauptsächlichsten Mitteilungen über die weidmännischen Verhältnisse der Alten verdanken. —

Das Haupt der Jagdschriftsteller des Altertums ist der berühmte Freund und Schüler des Sokrates, Xenophon. Sein Buch über die Jagd, κυνηγετικός, ist ein förmliches Lehrbuch, indem es in ausführlicher Weise nicht bloß die damals üblichen Jagdmethoden auf Hasen, Rot- und Schwarzwild beschreibt, sondern auch sonst eine Fülle von Beobachtungen über die Eigentümlichkeiten des Wildes und Vorschriften über Aufzucht und Dressur der Hunde, sowie über das Verhalten des Jägers selbst bietet, welche offenbar den Erfahrungen des praktischen Weidmanns entstammen. Alle späteren Schriftsteller über das Jagdwesen haben mehr oder minder aus seinem Buche geschöpft, keiner derselben hat viel wesentlich Neues nach ihm gebracht. Ein begeisterter Jagdliebhaber, wie aus jeder Zeile seines κυνηγετικός hervorgeht, hatte er seine praktischen Erfahrungen nicht bloß in Athen gesammelt, sondern auch in Sparta und Elis, wo er sich während seiner Verbannung aufhielt und nebst anderen Schriften den κυνηγετικός abfaßte. —

Uebrigens lag der Abfassung dieses Buches neben seinem praktischen Zwecke noch eine andere Tendenz zu grunde. Wie er nämlich auch sonst in seinen historischen Schriften, entsprechend seiner frommen Denkungsweise, die menschlichen Verhältnisse gerne mit den göttlichen Einwirkungen in Zusammenhang bringt, so sucht er auch der Jagdkunde dadurch eine höhere, idealere Seite zu geben, daß er sie als eine Erfindung und Gabe der Götter darstellt, für welche diesen schuldiger Dank gebühre. Ferner stellt er den Jagdbetrieb als die geeignetste Vorschule des Kriegsdienstes für die vaterländische Jugend hin; denn diese bilde dabei nicht nur ihre körperliche Kraft, sondern werde auch zur Beherztheit, Besonnenheit und Ausdauer bei Strapazen und Gefahren erzogen.

Damit aber spricht er zugleich sowohl den Spartanern, welche ihm in der Verbannung gastliche Aufnahme gewährt, verdiente Anerkennung aus, da diese ihre Söhne durch die Anstrengungen der Jagd an die Strapazen des Kriegsdienstes zu gewöhnen pflegten; als er auch den Athenern ein geeignetes Mittel empfehlen will, der unter ihnen eingerissenen Verweichlichung zu steuern und der namentlich durch den Einfluß der Sophisten überhandnehmenden Scheinbildung und Gemeinheit der Gesinnung und den dadurch für das Gedeihen des Vaterlandes zu besorgenden Gefahren durch Rückkehr zu dem gesunden, praktischen Sinne der Alten zu begegnen.

Der Stil in diesem Buche ist, wie in den übrigen Schriften Xenophons, einfach und edel, lebendig, stellenweise schwungvoll und begeistert, manchmal aber da, wo speciell Weidmännisches zur Sprache kommt, etwas schwierig.

Uebersetzt und erläutert ist der κυνηγετικός von C. W. Lenz, Leipzig, 1828 und von Chr. W. Dörner, Stuttgart. Letztere Uebersetzung zeichnet sich durch fleißige Heranziehung fachmännischer Aeußerungen alter und neuerer Autoren aus. Ich bin derselben im allgemeinen gefolgt, wo Stellen aus Xenophon wiederzugeben waren. Die Disposition des κυνηγετικός ist folgende

Cap. I: Die Jagd als Erfindung und Lieblingsbeschäftigung der Götter und Heroen. — Cap. II: Jagdgehilfe, Netze. — Cap. III und IV: Jagdhunde (Arten, Gestalt.) — Cap. V—VIII inclus. Hasenjagd. Mitteilungen über die Eigentümlichkeiten der Hasen. Anweisungen über Aufzucht der Jagdhunde und Anfertigung und Aufstellung der Jagdnetze. — Cap. IX: Jagd auf Rotwild. — Cap. X: Jagd auf Schwarzwild. — Cap. XI: Jagd auf Raubtiere. — Cap. XII und XIII: Nutzen der Jagd für Gesundheit und Schärfung der Sinneskräfte, insbesondere aber als Vorschule für den Krieg.

Xenophons Nachahmer war Flavius **Arrianus**, Ἀρριανός, aus Nikomedia in Bithynien. Derselbe lebte im 2. Jahrhundert nach Christus; er verwaltete die ihm vom Kaiser Hadrian übertragene Provinz Cappadocien und wurde später von Antoninus Pius zum Konsul befördert. Von den Athenern mit dem Bürgerrechte beschenkt, legte er sich den Namen Xenophon bei, um seiner Verehrung für denselben Ausdruck zu geben, wie er sich denn auch selbst gerne mit diesem Namen benannte, und von Späteren oft geradezu als Xenophon minor zum Unterschied von dem Xenophon maior bezeichnet wird.

Sein Buch über die Jagd, κυνηγετικός, schließt sich enge an Xenophons κυνηγετικός an, da es, wie er ausdrücklich sagt, eine Ergänzung und teilweise Berichtigung des Buches seines älteren Namensbruders sein soll. Die Nachträge beziehen sich übrigens nur auf die Jagdhunde und Pferderassen und auf die Jagdmethoden anderer Völker.

Im Stil und Ausdruck ahmt er sein Vorbild nach, ohne indes dasselbe zu erreichen.

Das ganze 35 Capitel umfassende Buch handelt fast nur von Aufzucht, den Kennzeichen, der Führung und Dressur ꝛc. ꝛc. der Jagdhunde mit besonderer Beziehung auf die celtischen Hunde; nur in Capitel 23 und 24 berührt er die Jagd auf Hochwild und die bei den Libyern übliche Jagd auf starke Tiere zu Pferde.

Zuerst wurde der κυνηγετικός griechisch und lateinisch herausgegeben von L. Holstenius, Paris 1644.

Eine Uebersetzung mit erläuternden Bemerkungen hat Ch. Dörner im Anschlusse an seine Uebersetzung des κυνηγετικός Xenophons geliefert, von welcher dasselbe gilt, was oben über letztere bemerkt worden ist. —

Oppianus (Ὀππιανός), circa 200 nach Christus, gilt als Verfasser eines epischen Lehrgedichtes über das Leben und den Fang der Fische (ἁλιευτικά) ferner über die Jagd (κυνηγετικός), sowie über den Vogelfang (ἰξευτικά).

Da nun die beiden ersten Gedichte sich an poetischem Werte sehr von einander unterscheiden und da auch über die Heimat des Dichters abweichende Angaben existieren, so ist die Ansicht nicht unberechtigt, daß die ἁλιευτικά und κυνηγετικά nicht von dem gleichen Verfasser herrühren dürften. Die ἰξευτικά aber, eine naturgeschichtliche Beschreibung des Federwildes und eine Darstellung des Vogelfanges (daher der Name ἰξευτικά, Fang mittels Vogelleim) sind nur in einer

Inhaltsangabe, παράφρασις, in drei Büchern erhalten. So viel nun aus letzterer ersichtlich ist, waren die ἰξευτικά ganz im Geiste der κυνηγετικά gedichtet und weisen viele Anklänge an diese auf. Jedenfalls hat es der Dichter dort wie da verstanden, den an sich trockenen Stoff durch anziehende Darstellungen interessant zu gestalten, wie er auch in sachlicher Beziehung den kundigen Fachmann verrät. — Was nun die κυνηγετικά betrifft, so hat man sie, ungeachtet Suidas die unter dem Namen des Oppian erhaltenen Gedichte alle einem Verfasser beigelegt, einem jüngeren Verfasser desselben Namens zugeschrieben. Dieselben weisen die Licht- und Schattenseiten der damaligen Kunst asiatischer Poeten auf: Gewandtheit in Behandlung des Stoffes, Wortreichtum, rhetorische Malerei, lebhafte Phantasie, dabei aber unnatürliche Breite in Behandlung von Details und häufig Mangel an Korrektheit der Sprache. Sie wurden aber von den Zeitgenossen beifällig aufgenommen und fleißig gelesen.

Kaiser Antoninus soll bei der Vorlesung der κυνηγετικά so entzückt gewesen sein, daß er dem Dichter sofort die Gewährung einer Bitte angeboten habe. Dieser erbat sich die Zurückberufung seines Vaters aus dem Exil; und nicht bloß diese wurde ihm gewährt, sondern er erhielt auch hier für jeden Vers seines Gedichtes eine Goldmünze.

Das Gedicht enthält vier Bücher. Das erste handelt nach einer feierlichen Widmung an Kaiser Antoninus (Karakalla) im allgemeinen von den Vorbedingungen zur Jagd, von den Jagdpferden und Jagdhunden. Das zweite enthält nach einer Verherrlichung der göttlichen Erfinder der Jagd eine naturgeschichtliche Beschreibung der gehörnten, das dritte Buch eine solche der reißenden Tiere. Das vierte Buch endlich besingt „die Arbeit der Jäger, ihren Mut und ihre List, mit der sie kämpfen gegen die wilden Tiere, die stark und mutig sind und darin den Jägern nicht nachstehen."

Während Xenophon durch die Fülle und Zuverlässigkeit seiner Beobachtungen und Erfahrungen und die Klarheit seiner Darstellung interessiert und deshalb als der bedeutendste der Jagdschriftsteller gelten muß; so fesselt Oppian durch die Lebendigkeit in Behandlung des Stoffes und ist der anziehendste. Er versteht es, den an sich trockenen Gegenstand durch zahlreiche Excurse und nach homerischem Beispiele in prächtigen Gleichnissen, freilich auch, wie schon bemerkt, in breiter und oft überschwenglicher Weise interessant zu machen. So z. B. reiht er I, 205—220 an die Besprechung des Jagdpferdes eine schwungvolle Darstellung von dem Mute und der Klugheit des Schlachtrosses. Den Kampf zweier wilder Stiere (II, 63—83) stellt er in einem sehr gelungenen Vergleiche mit dem Kampfe zweier Kriegsschiffe dar. An die Erwähnung der starken und mutigen Syrischen Pferde, die einst Herkules aus Erythea brachte, reiht sich eine hübsche poetische Erzählung von der heroischen That des Herkules, der den Orontes, welcher das Land zu überschwemmen drohte, durch Abbruch der Gipfel des Emblonus und des Diokleus ableitete und so das fruchtbare Land von der Gefahr einer Ueberschwemmung bewahrte. — Sehr schön ist ferner die poetische Darstellung des schauerlichen Kampfes zwischen dem Hirsche und den Schlangen (II, 252—290); desgleichen der Kampflust der Widder (II, 326—489); dann die Darstellung der Eltern- und Kindesliebe bei dem Geschlechte der Schafe (II, 343—376). Die Hinweisung auf die besondere Liebe einzelner Tiergattungen zu andern führt den Dichter zu einem begeisterten, schwungvollen Hymnus auf Ἔρως (II, 410—445).

III, 107—139 enthält eine Verherrlichung der Elternliebe im Anschlusse an die Schilderung der Angst, welcher die Henne für ihre Jungen bei Ansichtigwerden des Geiers empfindet.

III, 197—250 enthält einen Exkurs über die Eifersucht, die den Nächsten nicht schont und selbst Heroen zu den unseligsten Thaten verleitet hat.

Den Reiz der Natur preist er I, 110—147 und I, 451—468, die Schönheit seines Vaterlandes Syrien feiert er II, 150—158 und stellt in Aussicht, dasselbe noch in einem eigenen Liede zu feiern. Ueberhaupt äußert sich bei Oppian ein starker Zug von Sentimentalität und gefühlsinniger Betrachtung des Naturlebens.

Von den zahlreichen Ausgaben Oppians sollen nur angeführt werden: Halieut. et. Cyneg. c. interprt. lat. comentt. stud. et op. C. Rittershusii LBat. 1597. — Cyneg. et Hal. emend. J. G. Schneider Lips. 1813. Opp. u. Marcellus Sid. ed. F. S. Lehrs in Poet. bucol. et didact. Par. 1846, welche letztere Ausgabe sich durch getreue Uebersetzung des griechischen Textes in lateinischer Prosa auszeichnet.

Gratius war ein Zeitgenosse des Ovidius, der seiner in den ep. ex Ponto IV, 16, 34 gedenkt, gehört also zu den Schriftstellern der klassischen Literaturperiode. Derselbe stammte aus einer sonst unbekannten plebeischen Familie und war, wie es scheint, der Frei-

gelassene irgend eines vornehmen Römers, der ihn auf einem seiner
Landgüter als Jäger angestellt hatte. Der Beiname Faliscus, der ihm
nach einer Aeußerung in seinem Gedichte v. 40 (nostris Faliscis) gegeben wurde, ist mit guten Gründen angefochten worden, da Gratius mit
nostri Falisci wohl nur den Lieblingsaufenthalt des Jägers hat andeuten
wollen (cfr. Stern prooem. zu Gratius). Sein Gedicht, carmen venaticum, ist
ein didaktisches Epos. Doch gibt der Dichter nicht etwa eine bloße Anleit-
ung zur Jagd, sondern er weiß den an sich trockenen Stoff in kunstvoller
und lebendiger Darstellung zu behandeln und ihm von einem höheren
Gesichtspunkte aus ein allgemeines Interesse abzugewinnen.

Er gleicht hierin dem Dichter der Georgica, der vielfach sein
Muster und Vorbild gewesen ist und dessen Kunst er auch an manchen
Stellen erreicht hat. In der Anlage und Durchführung des Ganzen,
sowie in der Verknüpfung der einzelnen Gedanken kommt er den
besten Autoren gleich. Da, wo er nichts Neues bietet, sondern bereits Be-
kanntes oder von Anderen schon Erwähntes behandelt, versteht er es
doch, durch seine Phantasie und seine blühende Sprache dem Gegenstande ein neues Interesse zu verleihen. Dabei hält er sich von aller
Weitläufigkeit ferne. Seine Sprache ist wie seine Gesinnung, edel und
gewählt, der Ausdruck knapp, manchmal feierlich und altertümlich,
dabei aber auch, was in der Natur des Gegenstandes liegt, etwas
dunkel. Sein Sinn verrät Frömmigkeit und Achtung vor dem Alther-
gebrachten, ohne deswegen blindem Aberglauben zu verfallen.

Sein Lehrgedicht von der Jagd enthält 540 Verse, welche von
der Ausrüstung zur Jagd (1—150), den Jagdhunden (151—497, dem
Glanzpunkte seiner Darstellung), von den Jagdpferden (497—540)
handeln. Der letztere Teil ist nicht ausgearbeitet, sondern nur im
Entwurfe angedeutet und unvollendet geblieben.

Marcus Aurelius Olympius Nemesianus aus Karthago war
ein Zeitgenosse und Günstling des Kaisers Marcus Aurelius Carus
(282 nach Chr.) und seiner Söhne Carinus und Numerianus. Sein
carmen venaticum gleicht nach Anlage und Durchführung dem des
Gratius, den er sich neben Vergil zum Muster genommen hat. Sein
Stil ist glänzend, die Sprache gewählt, sein Ausdruck klar und leicht-
verständlicher als der des Gratius, wiewohl er diesem an poetischer
Kraft nachsteht. Manche Partieen sind ihm besonders gelungen; zu
den schönsten gehört die Beschreibung der Pferde. Das Gedicht ist

leider nicht vollständig auf uns gekommen; denn es ist gerade der Teil über die eigentliche Jagd verloren gegangen. Ungewöhnlich lang ist der Eingang, in welchem er in schwunghaften Worten die Verdienste des Carinus und Numerianus feiert. Dieser Umstand sowohl, als auch die Wahrnehmung, daß die Sprache des Exordiums von der des übrigen Gedichtes verschieden ist, gibt zur Vermutung Anlaß (siehe Stern prooem. pag. XXXII und comment. pag. 170), daß Nemesian das Gedicht zu Lebzeiten des Carus geschrieben und vollendet hat, während er das Exordium nach des Carus Tod verfaßte und zur Verherrlichung seiner hohen Gönner dem Gedichte hinzufügte. Das carmen venaticum enthält, wie es auf uns gekommen ist, 325 Verse. Davon bilden von 1—103 das Exordium; 103—240 handeln von der Aufzucht und Dressur der Jagdhunde und deren Pflege bei Krankheiten; 240—299 von den Jagdpferden; 300—320 von den Jagdnetzen; von 321 an beginnt die Darstellung des eigentlichen Jagdbetriebes, welche nur mehr fünf Verse enthält (321—325).

Gratius und Nemesianus' Gedichte finden sich gemeinsam herausgegeben: Gratii et Olymp. Nemes. de venat. lib. Venet. 1534; P. Burmanni poet. lat. min. I. Lugd. Bat. 1731; J. C. Wernsdorf vol. I. Altenb. 1780; Gratii Falisci et Olympi Nemesiani carmina venatica ed. R. Stern Halle 1832; ed. M. Haupt. Lips. 1838. Die Ausgaben von Burmann und Wernsdorf zeichnen sich durch gelehrte Commentare und eine Fülle von sachlichen und sprachlichen Exkursen, die von Stern durch scharfsinnige und besonnene Kritik des Textes und klare Interpretation des Inhaltes aus.

Weitere Mitteilungen oder indirekte Aufschlüsse über das Jagdwesen verdanken wir den zahlreichen Bemerkungen, Andeutungen und Gleichnissen in den Werken anderer Schriftsteller, wie Homer, Horaz, Vergil, Ovid, Varro, Plinius, Columella, Seneca, Pollux, Aelian und anderer, auf welche jedesmal hingewiesen werden wird. Sehr schätzenswerte Aufklärungen über die antiken Jagdverhältnisse bieten außerdem zahlreiche auf uns gekommene Wandgemälde und Abbildungen von Jagdscenen oder auf die Jagd bezüglichen Verhältnissen auf Denkmälern, Vasen, Münzen, die um so schätzenswerter sind, als durch sie manche Lücken in den literarischen Berichten ergänzt, manche Andeutungen klar gemacht werden.

II.
Bedeutung und Wertschätzung der Jagd bei den Alten.

Die Jagd wurde für eine Gabe der Artemis gehalten, welche auch als Beschützerin derselben geehrt wurde. So pflegten ihr die Jäger jährlich ein Opfer darzubringen und zwar bei der Feier ihres Geburtsfestes: ein Schaf, eine Ziege oder ein Rind. Desgleichen opferte man dem Apollo, dem Pan, sowie den Nymphen oder Begleiterinnen der Artemis und Beschützerinnen des Wildes. Auch vor einer Jagd und nach deren glücklichem Verlaufe pflegte man den göttlichen Schirmern Dankopfer, Spenden, Gebete, Kränze und Loblieder darzubringen. 'Η θήρα καλή ἔσται, ἣν ὁ θεὸς θελήσῃ (Xen. Kyr. II, 4, 19). Artemis war selbst eine gewaltige Jägerin, die in Gesellschaft von Nymphen und gefolgt von stattlichen Hunden Berge und Thäler durchstreifte. Als Göttin des Wildes (πότνια θηρῶν II. 21, 470) führt sie Bogen und Pfeil ἰοχέαιρα). Dargestellt wurde die Artemis Agrotera als schlanke Jungfrau mit leichtgeschürztem Gewande zum Zeichen ungehinderten Fortschreitens; auf der Schulter ruht der gefüllte Köcher; ihr zur Seite ist die ihr geweihte Hirschkuh. In der Odyssee erscheint sie als Göttin von hoher, schöner Gestalt, mit welcher Helena, Nausikaa, Penelope verglichen werden. Besondere Verehrung genoß sie nach Pausanias I, 19, 6 zu Agrä am Jlissus in Attika, wo ihr ein Tempel geweiht war. Xenophon bezeichnet als Erfinder der Jagd Artemis und Apollo. Diese teilten ihre Erfindung zunächst dem wegen seiner Gerechtigkeit von ihnen geliebten Cheiron mit, welcher hinwiederum den Cephalus, Askulapius, Melanion, Nestor, Amphiaraus, Peleus, Telamon, Meleager, Theseus, Hippolytus, Palamedes, Ulysses, Menestheus, Diomedes, Kastor, Pollux, Machaon, Pedalirius, Antilochus, Aeneas und Achilles in dieser Kunst unterrichtete.

— 14 —

Die Jagd war ferner eine Lieblingsbeschäftigung von Göttinnen und Nymphen. Diana lehrt ihr Gefolge die Handhabung des Bogens. Venus wird von den Dichtern öfter als Jägerin dargestellt, z. B. Ovid. metam. (nach Voß) X, 535 — — —

„Streift sie durch Höhn und Gehölz und verwachsene Felsengebirge,
„Hoch zu dem Kniee geschürzt das Gewand, nach Art der Diana,
„Dort ermahnt sie den Hund, und verfolgt unschädliche Beute:
„Bald den stürzenden Hasen und bald den erhabenen Kronhirsch
„Oder die flüchtige Gems: doch scheuet sie tapfere Eber,
„Auch raubgierige Wölf' und die klauigen Tatzen des Bären
„Meidet sie gern und Löwen, vom Rindermorde gesättigt.

Daphne geht eifrig der Jagd nach:
„Nur an Gehölz und an Jagd und an prangender Beute des Wildes
„Labend ihr Herz, nacheifernd der stets unbräutlichen Phöbe.

Ebenso Kallisto:

— — „Wann die Spange das Kleid ihr
„Und ein schneeiges Band nachlässige Locken gefesselt,
„Nahm sie bald den schnellenden Spieß, bald Bogen und Köcher
„Als Trabantin der Phöbe, so wert war keine der Göttin
„Je auf des Mänalus Höhn. — —
„Ueber den Mittagsraum war schon das Sonnengespann hin,
„Als sie die Waldung betrat, wo niemals Aexte gehauen,
„Und sie entspannte den Bogen und hub von der Achsel den Köcher.
„Siehe, da kommt Diktymna, vom hüpfendem Chore begleitet
„Ueber den Mänalus her, und stolz des erlegten Wildes
„Schauet sie jene.

Atalanta tötet mit dem Pfeile die Eber. Heroen bilden die einzelnen Arten der Jagd aus. Perseus jagt zu Fuß auf Hasen, Rehe, Schakale, wilde Ziegen und Esel und Hirsche. Kastor betreibt die Jagd zu Pferde und züchtet die vorzüglichste Rasse von Jagdhunden. Pollux jagt mit Hunden. Meleager ist der berühmteste Speerschütze und verfolgt die wilden Tiere auf den Gebirgen. Hippolytus wendet Netze und Schlingen an, Orion die „nächtliche List" (Oppian).

Ursprünglich nun war die Jagd ein Krieg gegen die das Leben und Eigentum der Menschen bedrohenden wilden Tiere. Daher wendet sich der Dichter (Gratius) dankbaren Sinnes an Diana, welche den Menschen die Kunst der Jagd und damit der Verteidigung gegen die Angriffe der wilden Tiere verliehen hat, mit folgenden, dem Kriegsleben entnommenen Worten:

> Intrepidam bello vitam, Diana, ferino
> Qua primam quaerebat opem, dignata repertis
> Protegere auxiliis orbemque hac solvere noxa!

„Du hattest die Gnade, o Diana, uns im Kampfe gegen die wilden Tiere, der unser Leben bedrohte, durch Erfindung der geeigneten Mittel erwünschte Hilfe zu verleihen und hast so die Welt von diesem Uebel befreit!"

Anfangs, sagt derselbe, mußten die Menschen ohne weitere Hilfsmittel (nuda virtute), bloß auf die Stärke der Arme gestützt, (prius omnis in armis spes fuit) gegen den Ungestüm der stärkeren und in unzähliger Menge vorhandenen wilden Tiere sich um ihre Haut wehren (nostram defendere sortem contra mille feras). Welch' schrecklichen Leiden die Menschen damals ausgesetzt waren, beschreibt Lucretius V, 982 ff:

> „Denn aus der Wohnung verjagt entfloh'n sie dem steinernen
> Obdach,
> Nahte die schäumende Sau und nahte der grimmige Löwe,
> Räumten in stürmischer Nacht, erbebend vor Schrecken, den grausen
> Gästen die Ruh'statt ein, die bestand aus gestreutem
> Laubwerk.
> Ward dann einer zur Beut (wie auch jetzt noch geschieht!), den
> ergriffen
> Gierige Zähne, so ward er dem Wilde lebendes Futter,
> Haine und Berge und Wald erfüllend mit ängstlichem Wehschrei,
> Da er ein lebendes Grab dem Lebenden sah sich eröffnen.
> Die aber, so noch entflohen, mit angefressenem Leibe
> Flehten sodann, mit zitternder Hand die schaurigen Wunden
> Deckend, zum Orkus hinab mit gräßlich tönender Stimme,
> Bis der grimmige Schmerz dem Leben ein Ende bereitet.
> Hilflos waren sie ja, nicht kundig, die Wunde zu heilen."

Als man nun aber unter den Auspicien der Diana den Kampf regelrecht zu führen verstand, mußte die rohe Kraft der Tiere unterliegen (hinc clemens cecidit violentia retro).

Im Verlaufe der Zeit gestaltete sich die Jagd zu einer des Vergnügens wegen gesuchten Beschäftigung, ja sogar sie wurde zur Leidenschaft; denn, sagt Oppian, nicht leicht kann sich jemand, der einmal die angenehmen Aufregungen, die mit derselben verbunden sind, erfahren, von ihr lossagen, sondern hängt ihr stets mit Leidenschaft nach.

Und wahrlich; bei welch' anderer Gelegenheit fühlte sich wohl der Mann so recht als freier Mann, so recht „als Herr der Schöpfung", als wenn er, losgebunden von dem beengenden Getriebe des täglichen Lebens, in Gottes freier Natur umherschweift und bei Ueberwindung körperlicher Strapazen seine Kräfte stählt, seine Gesundheit fördert und in Bethätigung der echt männlichen Eigenschaften der Klugheit, raschen Ueberlegung und energischen Ausführung sein Selbstgefühl stärkt und dabei jenes innere Frohsein empfindet, welches Diana ihren Jüngern als schönste Gabe verleiht! Und bei welcher Gelegenheit ließe sich der Genuß der Natur reiner und inniger empfinden, als bei der Jagd? Welch' köstliches Vergnügen ist es nur, sagt Oppian, zur Frühlingszeit auf blumigen Gefilde zu ruhen; welches Behagen im Sommer sich in einer kühlen Grotte hinzustrecken; wie köstlich mundet dem Jäger der Imbiß, nach anstrengender Arbeit auf einem Felsvorsprung eingenommen! Welch' Labsal bietet ein frischer Trunk aus dem Felsenquell! Welche Erquickung ein kühlendes Bad! Welches Vergnügen ergibt sich nebenbei für diejenigen, welche Freunde von Blumen sind!

Der Sophist und Schriftsteller Philostratus junior (zur Zeit Caracallas) beschreibt in seinen Εἰκόνες (3) eine gemütliche Scene aus dem Jägerleben, „Ruhe nach der Jagd", wie folgt:

Eine Quelle bietet ihnen frischen Trunk kristallhellen Nasses. Die Quelle ist in einem Hain, einem Werke der weisen Natur. Diese bereitet in geeigneter Weise Alles, was sie will, und braucht dazu keine Kunst; ist sie ja selbst die Quelle der Künste. Was braucht sie, um Schatten zu bieten? Da sind wildwachsende Bäume, an denen Epheu sich emporrankt und die einzelnen Spitzen und Zweige mit einander verbindet und so ein Laubdach bildet, wie keines die Kunst

schöner schaffen kann. Der Chor der Nachtigallen und anderer fröhlich
sich tummelnder Vögel erinnern an Sophokles Worte:
πυκνότερον δ'εἴσω κατ' αὐτὸν εὐστομοῦσ' ἀηδόνες!
Dort ist nun eine Gesellschaft Jäger, gedrungene Gestalten mit
frohen Mienen, noch atmend den Mut der Jagd. Sie halten Ruhe.
Ein kunstloser Ruhesitz aus hingeworfenen Netzen nimmt auf die Herren
der Jagd, fünf an Zahl. Der in der Mitte erzählt, hingewendet zu
den an seiner Rechten Hingestreckten, von seinen Leistungen, wie er
zuerst das eine von den beiden Beutestücken — ein Hirsch und ein
Eber hängen unfern an einem Baume — erlegt hat. Stolzes Selbst-
bewußtsein ruht auf seiner Miene und die Anderen blicken den Er-
zähler mit unverwandten Augen an. Einer aber von ihnen, behaglich
gelehnt an den Ruhesitz, wird wohl gleich auch irgend ein Jagdaben-
teuer zum besten geben; man merkt ihm an, daß er etwas auf dem
Herzen hat. Ein anderer, zur Linken der Hauptperson, hält einen halb
gefüllten Becher in der erhobenen Rechten und scheint der Agrotera
eine Libation darzubringen. Ein anderer fordert durch einen Blick
den Diener auf, den Becher kreisen zu lassen.

Von den Jagdgehilfen hat einer einen Block ergriffen und sich
darauf gesetzt; er hat den Sack noch auf dem Rücken und verzehrt
seine Mahlzeit. Zwei Hunde liegen ausgestreckt vor ihm; der eine
nagt an einem hingeworfenen Stücke; der andere sitzt aufrecht mit
gestrecktem Halse da und wartet auf einen Bissen, der ihm hinge-
worfen wird. Ein anderer Diener hat Feuer angemacht und Koch-
geräte zurecht gestellt, um bald reichliche Mahlzeit in geschäftiger Eile
zu spenden. Ein Schlauch, mit Wein gefüllt, liegt zum Gebrauche da-
neben: einen Trunk schöpfe sich, wer eben will. Ein weiterer Diener
teilt die Mahlzeit in Portionen, darauf bedacht, jedem den gleichen
Anteil zu sichern, und ein vierter schickt sich an, sie gleich zu ver-
teilen. **Denn auf der Jagd gibt es in bezug auf den Anteil keinen Rangunterschied! —**

Der letzte Gedanke ist bemerkenswert. Der zwanglose, herzliche
Verkehr, das Zurücktreten jedes Rangunterschiedes und jeder berech-
neten Etikette unter den „Jagdkollegen" ist also ein Charakteristikum
der edlen Jägerei, das nicht erst seit heute oder gestern datiert!

Ein leidenschaftlicher Jäger ist jener horazische, der trotz der Winter-
kälte, nachdem die Hunde dem Hirsche auf die Spur gekommen oder

einen Eber, der das Netz zerrissen hat und flüchtig gegangen ist, verbellen, im Freien aushält und nicht mehr an die Heimkehr denkt, während er von der zarten Gattin mit Sorgen erwartet wird.

Ganz und gar gibt sich Xenophon als enragierter Weidmann zu erkennen, wenn er seinen Gefühlen in dem Momente, wo der Jagdhund seine Aufgabe meisterhaft löst, mit den Worten (V. 33) Ausdruck gibt: So wonnig ist der Anblick, daß man, wenn man zusieht, wie der Hund die Fährte anfällt, das Wild aufjagt, ihm nachsetzt und es fängt, darüber Alles, was man sonst lieb hat, vergessen möchte.

Epod. II, 29—36 schwärmt Horaz für die Jagd als angenehmes Vergnügen im Winter:

> At cum tonantis annus hibernus Jovis
>   Imbres nivesque comparat,
> Aut trudit acres hinc et hinc multa cane
>   Apros in obstantes plagas,
> Aut amite levi rara tendit retia,
>   Turdis edacibus dolos,
> Pavidumque leporem et advenam laqueo gruem
>   Jucunda captat praemia.

Bei Vergil E. 2, 29. 30 wünscht sich Korydon in Gesellschaft des geliebten Alexis dem Jagdvergnügen obliegen zu dürfen:

> O tantum libeat mecum tibi sordida rura
> Atque humilis habitare casas et figere cervas!

Aen. VII, 475 ff. widmet sich der junge Ascanius mit den Trojanern dem Jagdvergnügen. Aen. XII, 430 ff. veranstaltet Dido ihrem Gaste Aeneas zu Ehren eine große Treibjagd.

Ein nettes Bild gemütlicher und innerlich froher Hingabe an das Jagdvergnügen gibt Xenophon Kyr. I, 4, 14, indem er erzählt, wie der junge Cyrus von seinem Großvater Astyages zum erstenmal mit auf die Jagd genommen wurde. Dieser veranstaltete nämlich auf sein Bitten eine große Jagd, an welcher auf Wunsch des jungen Cyrus auch dessen Kameraden anteilnehmen durften. Eine große Anzahl von Leuten zu Fuß und zu Pferde hatte das Wild auf günstigem Terrain zusammengetrieben. Bei Beginn der Jagd erließ Astyages den Befehl, kein Stück Wild zu erlegen, bis Cyrus genug geschossen habe. Dieser aber erhob sofort Einsprache dagegen und erklärte, nur dann vergnügt jagen zu können, wenn alle seine Kameraden sich nach Herzenslust der Jagd hingeben dürften. Als nun das Verbot zurückgezogen war, jagten sie alle mit einander in die Wette und suchten es im Verfolgen und Angreifen des aufgestoßenen Wildes einander zuvorzuthuen. Und Astyages hatte seine Freude daran, wie Cyrus vor Vergnügen sich nicht mehr zurückhalten konnte, sondern „wie ein junger Hund laut ward", wenn sie einem Stück Wild nahe kamen, und wie er einem jeden Kameraden mit Namen zurief und ihn aneiferte. Und er hatte wieder seine Freude, wenn er sah, wie er den einen zum besten hielt, oder aber auch einen andern belobte, „ohne ihn zu beneiden". Schließlich hatte man reiche Beute gemacht. — Diesem freundlichen Bilde einer fröhlichen und gemütlichen Jagd stellt Xenophon an anderer Stelle (Cyr. IV, 6) das minder freundliche einer häßlichen Ausartung der Jagdleidenschaft in finstern Neid und blinde Wut entgegen: Ein assyrischer Fürst hatte einen seiner vertrauten Freunde zur Jagd eingeladen und hieß ihn, nach Herzenslust Beute zu machen; selbst aber bildete er sich ein, jenem an Fertigkeit weit überlegen zu sein. Als nun ein Bär aufstand, fehlte er ihn, während ihn der Freund traf und niederstreckte. Das Gleiche geschah, als sie auf einen Löwen stießen. Und wenn der Fürst schon anfangs empfindlich gekränkt war und nur mit Mühe seinen Aerger und Neid verbarg, so konnte er sich nicht mehr halten, als der glückliche Schütze etwas übermütig in die unbesonnenen Worte ausbrach: Ich habe zweimal geschossen und jedesmal das Wild getroffen — zornentbrannt ergriff er die Lanze und stieß sie dem Freunde in die Brust.

Weit höher aber, als alle Annehmlichkeiten schlugen die Alten den Nutzen an, den die Jagd als Mittel zur Vorübung und Ausbildung für den Kriegsdienst gewähre. Insoferne war ihnen die Jagd geradezu ein Bildungsmittel für die heranwachsende Jugend. Freilich werden auch bei einem regelrechten Jagdbetrieb Eigenschaften des Geistes und des Körpers kultiviert, welche im Kriegsleben in hohem Maße zur Geltung kommen. Vor allem war die Jagd als eine Schule der List geschätzt. Die Tiere, sagt Oppian, kennen ihre starke Seite und wissen dieselbe dem Menschen gegenüber wohl zu benützen. Ihr Gesicht, Gehör und Geruch ist außerordentlich fein und stets auf der „Wacht".

Die Ueberlistung des Wildes erfordert behutsames Vorgehen,

gutes Auge und Ohr, Leichtigkeit der Bewegung. Nicht die rohe Kraft und ungestümes Daraufgehen ist es, das zum Erfolge hilft, sondern Ruhe, zielbewußtes und rasches Handeln im rechten Momente.

Wie wichtig mußte die Pflege solcher Eigenschaften Völkern erscheinen, bei deren Kriegsführung gerade diese in so hervorragendem Maße zur Anwendung kamen. Welche Rolle spielte bei ihnen gerade die Ueberlistung des Gegners! Schon Homer rühmt dieselbe als ein schwieriges Unternehmen, zu dem man nur die auserlesensten Helden gebrauchen konnte. Es ist daher ganz und gar dem entsprechend, daß Homer den Meister der Kriegslist, Odysseus, auch als tüchtigen Jäger schon von Jugend auf darstellt. — Die Spartaner opferten, wenn sie durch eine Kriegslist gesiegt hatten, dem Ares ein Rind, dagegen einen Hahn, wenn sie im offenen Kampfe gesiegt. — Xenophon legt im ἱππαρχικός c. IV. u. 5 großes Gewicht darauf, daß sich der Anführer auf die Anwendung verschiedener Arten von Kriegslist verstehe, und gibt selbst darüber mehrfache Anweisungen. Bezeichnender Weise gebraucht er dabei ἀγρευτικόν (eigentlich = zum Fange von Wild dienlich) im Sinne von „dienlich, den Feind zu täuschen."

Und welch' wichtige disciplinäre Anforderungen stellt ein geregelter Jagdbetrieb an den einzelnen Teilnehmer der Jagd! Jeder füge sich genau den Anordnungen des Leiters der Jagd und vermeide jedes willkürliche Abgehen von der ihm einmal vorgezeichneten Ordnung! Der Erfolg hängt wesentlich von dem richtigen Zusammenwirken aller Einzelnen ab. Es finde sich also jeder rechtzeitig an dem ihm angewiesenen Posten ein! Er behaupte seinen Stand, bis er abgerufen wird! Er beobachte die strengste Ruhe und Stille! Jeden Augenblick sei er der Annäherung des Wildes gewärtig und bereit, die Waffen zu gebrauchen! Wohl wisse er, daß er es mit einem Gegner zu thun habe, der es ihm an List und Schnelligkeit zuvorzuthun sucht!

Alles dies hat Xenophon vor Augen, wenn er seinen Landsleuten die Jagd als vorzüglichstes Mittel zur Ausbildung für das Kriegsleben anpreist. Der Nutzen, sagt derselbe, den die Liebhaber dieser Beschäftigung aus derselben ziehen, ist ein vielfacher. Sie fördern dadurch ihre Gesundheit, schärfen Gesicht und Gehör und altern später. Namentlich ist sie eine Vorschule für den Krieg. Für's erste unterliegen sie nicht unter den Waffen auf beschwerlichen Wegen; denn sie halten die Strapazen leicht aus, weil sie gewohnt sind, unter solchen die Tiere zu jagen. Sie sind nicht nur im stande, auf hartem Boden gut zu schlafen, sondern sie sind auch, wo sie hingestellt werden, gute Wächter. Beim Anmarsche gegen den Feind sind sie im stande, zu gleicher Zeit vorzugehen und die Befehle zu vollziehen, eben, weil sie in gleicher Weise auch auf eigenem Antriebe das Wild fangen. Und in's Vordertreffen gestellt, verlassen sie nicht Reih und Glied, weil sie herzhaft auszudauern vermögen. Bei der Flucht der Feinde verfolgen sie den Gegner geradeaus und sicher auf jedem Boden, so wie sie es eben gewohnt sind. Bei einer Schlappe, die das eigene Heer erleidet, sind sie im stande, in waldigen, abschüssigen oder sonst schwierigen Gegenden auf nicht unehrenhafte Weise sich selbst und andere zu retten: Denn die werkthätige Gewöhnung verhilft ihnen zur Ueberlegenheit in dieser Beziehung. Und wirklich haben schon Männer der Art, nachdem die große Masse ihrer Kameraden in die Flucht geschlagen war, Dank ihrer Mannhaftigkeit und Geistesgegenwart, den auf ungünstigem Boden sich bloßstellenden Feind, der bereits den Sieg in den Händen hatte, durch Wiederaufnahme des Kampfes zum Weichen gebracht.

In Würdigung der Vorteile, welche die Uebung der Jagd für die Jugend hinsichtlich ihrer Ausbildung für den Kriegsdienst bot, verordneten die Athener, obgleich sie von jeher Mangel an Feldfrüchten hatten, daß die Jäger durch den jeweiligen Stand der Feldfrüchte nicht am Jagen gehindert sein sollten, und außerdem, daß innerhalb mehrerer Stadien im Umkreise von Athen nicht bei Nacht gejagt werden solle, damit nicht das Wild von Leuten weggerafft werde, welche die Jagd gewerbsmäßig betrieben.

Die Spartaner beschäftigten sich, wenn sie nicht Krieg führten, gleich den alten Deutschen, vorzugsweise mit der Jagd, um den Körper durch Abhärtung und Gewöhnung an Strapazen (in diesem Sinne nennt Oppian den Jäger $\dot{\epsilon}\rho\gamma o\pi\acute{o}\nu o\varsigma$) für die Beschwerden des Kriegsdienstes zu stählen.

Die Jagd galt bei ihnen für die schönste und ehrenvollste Beschäftigung. Die jungen Spartaner wurden, wie Justin. hist. III, 3 sagt, nicht auf das Forum geführt, sondern hinaus auf's Land, um ihre ersten Jahre nicht in Ueppigkeit, sondern mit anstrengenden

Beschäftigungen, in opere et laboribus, und II, 4, armis, equis, venationibus, hinzubringen. So hatte Lykurg bestimmt.

Der Perserkönig ließ nach Xenophon Kyrup. I, 2, 9 die Jugend, um sie an Abhärtung zu gewöhnen, an seinen Jagden teilnehmen und bei schmaler Kost unter eigener Aufsicht jagen; denn das schien ihm die beste Vorbildung zum Kriege.

In der nämlichen Absicht hatte sich der ritterliche Cyrus einen Wildpark angelegt, wo er fleißig Jagden zu Pferde veranstaltete, um sich und die Pferde in steter Uebung zu erhalten.*)

Nach Plato sollte mit der Jagd auch der Zweck verbunden werden, eine genaue Kenntnis des eigenen Landes zu gewinnen, und in diesem Sinne empfiehlt er für junge Leute die Jagd zu Pferde und zu Fuß, wobei man das Wild durch Hieb und Stoß erlege, als die allein beste und ersprießlichste. Die Jagd war einst, sagt Plinius paneg. 81, die Lust der römischen Jugend; flüchtigen Tieren im Laufe, kühnen in Stärke, verschlagenen in List es gleichzuthun, war die Lieblingsschule künftiger Feldherren. —

Anstrengende Beschäftigung, sagt Horaz rep. I, 18, bringt den Römern Ehre, Gesundheit und Kraft. „Wenn der freigeborne Mann nicht im stande ist, ein Roß zu tummeln, wenn er von den Strapazen der Jagd zurückschreckt und lieber dem Würfelspiel und anderem Zeitvertreibe obliegt, so ist das nach Horaz eine Erscheinung, die auf nationalen Verfall deutet." (Grasberger Erz. und Unt. III S. 102.)

Bei den Macedoniern, welche der Jagd leidenschaftlich huldigten, durfte nach dem Berichte des Athenäus niemand an den gemeinschaftlichen Mahlzeiten anteilnehmen, der nicht einen Eber auf freiem Felde erlegt hatte.

In der Jagd ersah man nach Ovid. rem. a. v. 199 ff. auch ein treffliches Mittel, die Widerwärtigkeiten des Lebens und den Kummer der Seele vergessen zu machen. —

Uebrigens wurde die Jagd selbstverständlich auch bloß des unmittelbaren Nutzens halber betrieben. Letzteren Zweck unterschiebt ihr Aristoteles geradezu, indem er sie schlechthin als ein Gewerbe,

---

*) Von den Römern legte nach Plinius zuerst Fulvius Lipinus Tiergärten an; seinem Beispiele folgten L. Lucullus und Qu. Hortensius.

Jagdkunst (θηρευτική) bezeichnet. Freilich war ein Jagdbetrieb lediglich zu diesem Zwecke nicht nach dem Geschmacke eines Xenophon oder Arrian, welch' letzterer cap. XXV, 9 den materiellen Vorteil ausdrücklich als etwas Untergeordnetes bezeichnet, dagegen das edle Vergnügen als Hauptzweck hinstellt mit den Worten: τὰ κρέα οὐ περὶ πολλοῦ ποιητέον ἀνδρὶ εἰς κάλλος κυνηγετοῦντι.

In gehässiger Weise dagegen ließen sich die Sophisten über die Beschäftigung mit der Jagd aus, weil sie häufig Anlaß zur Vernachlässigung des Hauswesens gebe. Diesem Angriffe begegnete Xenophon mit den Worten: „Wenn die Jagdfreunde sich in den Stand setzen, dem Vaterlande in den höchsten Angelegenheiten sich nützlich zu machen, so werden sie wohl auch nicht ihre eigenen verwahrlosen: denn mit dem Staate steht oder fällt jedes Hauswesen, so daß solche Männer neben dem ihrigen auch das Eigentum der übrigen Mitbürger mehren. Aber viele von denen, die also sprechen, wollen, von Scheelsucht verblendet, lieber durch ihre eigene Schlechtigkeit zu grunde gehen, als durch die Tüchtigkeit anderer sich retten lassen." —

Isokrates sagt von den Spartanern in der ausgesprochenen Absicht, ihren Charakter in möglichst ungünstigem Lichte darzustellen, und mit gehässiger Uebertreibung (Panath. 211): Sie schicken jeden Tag sogleich vom Nachtlager weg die Knaben aus, dem Worte nach auf die Jagd, in der That aber zur Bestehlung derer, die auf dem Lande wohnen; dabei ist es bei ihnen Brauch, daß diejenigen, die sich hierüber erwischen lassen, eine Geldstrafe und körperliche Züchtigung erhalten, diejenigen aber, welche die meisten Schelmereien ausüben und dabei unentdeckt bleiben, unter den Jungen selbst am angesehensten sind und später einmal, wenn sie ihren Gewohnheiten treu bleiben, die nächste Anwartschaft auf die höheren Staatsämter haben. (Vergl. Grasberger Erz. und Unt. a. a. O.) — — —

Endlich ist noch darauf hinzuweisen, daß die Dichter zur Veranschaulichung oder zur Belebung des von ihnen behandelten Stoffes mit Vorliebe Jagdverhältnisse betreffende Scenen zum Gegenstande von Episoden und Gleichnissen genommen haben; daraus läßt sich entnehmen, daß sie selbst für solche Dinge kein geringes Interesse empfanden, andererseits aber auch sich wohl bewußt waren, gerade damit dem Interesse ihrer Leser gerecht zu werden; ferner, daß von den aus dem Altertum auf uns gekommenen Gemälden und Abbildungen auf Denkmälern, Vasen, Münzen sich zahlreiche Darstellungen von Jagdscenen befinden, ein Beweis, daß sich Darstellungen aus dem Gebiete des Jagdwesens einer allgemeinen Beliebtheit erfreuten, was freilich wieder nur deshalb der Fall sein konnte, wenn das Weidwerk selbst seine zahlreichen Jünger und Verehrer in dem Volke hatte.

III.
Jagdwerkzeuge.

ie einzelnen Teile der Jagdausrüstung (θήρης ὅπλα, ἔντεα) stellt Oppian I, 91 und 92 und I, 150—158 zusammen, wie folgt:

Καὶ δ'ἄρα δεξιτέρῃ μὲν ἐπικραδάοιεν ἄκοντας
ἀμφιδύμους, ταναούς, δρεπάνην δ' ἐπὶ μέσσοθι ζώνης. —
Δικτυά τε σχαλίδας τε βρόχων τε πολύστονα δεσμά,
ἄρκυας εὐστρεφέας τε λύγους ταναόντε πάναγρον,
αἰχμὴν τριγλώχινα, σιγύνην εὐρυκάρηνον,
ἁρπάλαγον κάμακάς τε καὶ εὔπτερον ὠκὺν ὀϊστόν,
φάσγανα βουπλῆγάς τε λαγωοφόνον τε τρίαιναν,
ἀγκυλίδας σκολιὰς μολιβοσφιγγέας τε κορώνας,
σπαρτόδετον μήρινθον ἐΰπλεκτόν τε ποδάγρην
ἅμματά τε σταλικάς τε πολύγληνόν τε σαγήνην.

Was nun die einzelnen Gegenstände betrifft, so erwähnt er:

I. Fangwerkzeuge.

und zwar 1. vier Arten von Netzen:

a) δίκτυον, Stellnetz, Stellgarn, nach Xenophon sechzehnfädig und zehn, zwanzig, dreißig Klafter lang. Solche Netze wurden auf freiem Felde oder auf der einen Seite der Stallung (= umstellter Raum z. B. eines Gehölzes) aufgestellt. Ihnen entsprechen die retia der Römer, ebenfalls lange: longo meantia retia tractu, Nemes. 300; retia tendere frondosis iugis, Ov. r. a. 202 (Gratius erwähnt dieselben nicht). Es wurden darin Vögel (ὄρνις, Aelian de nat. anim. II, 42; turdi, Horaz Epod. II, 23), Hasen, Hirsche, (Vergil G. I, 307 retia ponere cervis), Bären, (Gratius 49, Oppian IV, 439) gefangen.

b) ἄρκυς, Fallnetz, nach Xenophon neunfädig, mit weiten Maschen, bei den Römern cassis, mit einer Vertiefung, Busen- oder Sacknetz (sinus, κόλπος), Netzhaube genannt, (nach Pollux on. 5, 26 dem Haarnetze der Frauen gleichend), nach Gratius 40 Schritte lang und 10 Maschen hoch. Es wurden darin nicht blos kleinere Tiere gefangen, z. B. Hasen (Xenophon X, 2), sondern auch größere Tiere, welche sich darin fest verstrickten und so fest gehalten wurden. So heißt es bei Seneca Agam 884 ff.

> At ille, ut altis hispidus silvis aper,
> Cum casse vinctus tentat egressus tamen
> Arctaque motu vincta, et incassum furit,
> Cubit fluentes undique et caecos sinus
> Disicere et hostem quaerit implicitus suum.

Bei der Jagd auf Schwarzwild aber empfiehlt Xenophon fünfundvierzigfädige Netze. Nach Oppian IV, 121 wurden Löwen und IV, 381 Bären in den ἄρκυες gefangen.

Die δίκτυα und ἄρκυες wurden in einem kalbledernen Sacke (κυνοῦχος μόσχειος, Xen. II, 9, δέρμα μόσχειον, Pollux) verwahrt.

c) σαγήνη: ein großes Netz, eigentlich ein Fischernetz, Ziehgarn, Schleppnetz, mit vielen Maschen (πολύληνος), wahrscheinlich entsprechend dem von Oppian nicht erwähnten: ἐνόδιον, plaga, Wegnetz, nach Xenophon zwölffädig, zwei bis drei Klafter lang.

Solche Netze wurden auf engen Wegen (Pässen, Wechseln = den gewöhnlichen Pfaden des Wildes) aufgestellt und das aufgescheuchte Wild hineingetrieben. Nexilibus (= nodosis) plagis silvas ambit, Ovid. m. 2, 499. Hippolyt läßt (Seneca Hippolyt Sc. I.) beim Auszuge zur Treibjagd raras (= maschige) plagas mitnehmen.

Bei Horaz epod. II, 71 heißt es:

> Aut trudit acres hinc et hinc multa cane
> Apros in obstantes plagas;

und od. I, 1, 28 ist ein von Hunden in das Netz gehetzter Eber ausgebrochen rupit teretes (= fein d. h. sorgfältig gestrickt) plagas; id. carm. V. 31: si pugnat extricata densis cerva plagis. —

Gargilius zieht cp. I, 6, 58 mit zahlreichem Jagdgefolge zur Eberjagd aus und führt plagas mit. — Illigatus mollibus damas plagis mactabis et vernos apros (Mart I, 42), die sich in die geschmeidigen Netze verstrickt haben.

d) πάναγρον, ein großes, weites (πανάον) Fangnetz, sonst nicht weiter bei den Jagdschriftstellern erwähnt. (Als Adjektiv πανάγρον λίνον (Jl.) ein großes Fischernetz; in Verbindung mit δίκτυον bei Athenäus). Es bezeichnet keine besondere Art von Netzen, sondern irgend ein Netz, das, wie der Name andeutet, für alle Fälle bereit gehalten. Uebrigens ist zu bemerken, daß bei den Schriftstellern die Namen der einzelnen Netze keineswegs ausschließlich in einer bestimmten Beziehung, sondern auch synonymisch eines für das andere genommen werden.

Verfertigt werden die Netze aus Lein, daher nennt sie Oppian geradezu λίνα, (περίδρομον ἕρκος λίνοιο (IV, 120), λίνεοι λόχοι (IV, 413). Ovid nennt sie ebenfalls geradezu lina. Am geeignetsten war nach Xenophon der Phasianische und Karthagische Lein, nach Gratius der cinyphische (Afrika), tuscische und kumanische. Letzteren lobt Plinius h. n. 19,9 mit den Worten: In den kumanischen Netzen erlegt man wilde Schweine. Wir haben sie so zart gesehen, daß sie mit den Schnüren durch eines Mannes Ring gingen und daß einer so viel trug, daß man damit das ganze Gehege besetzen konnte.

σχαλίδες (amites, ancones)

hölzerne Gabel als Stütze unter aufgerichtete Netze, und στάλικες, Stellhölzer, woran die Netze befestigt waren, ungefähr 1—2 Meter hoch (Xenophon II, 4); Zugleinen (ἐπίδρομοι) liefen oben und unten durch die äußersten Maschen, so daß mittelst derselben die Netze zusammen- und wieder aufgezogen werden konnten. Die Kerben (ἐντμήματα) der Gabeln waren nicht tief, so daß beim Anprall das Netz leicht herab- und über das Tier herfiel.

Die Aufrichtung der Stellstangen erheischte große Behutsamkeit. Sie geschah nach Xenophon bei der Morgendämmerung, freilich auch oft erst, wenn das Wild bestätigt war. Man mußte dabei mit möglichster Vermeidung von Geräusch zu Werke gehen, und besonders auf die Windrichtung achtgeben. Denn wie der Schiffer auf dem Meere, sagt Oppian, genau auf den Luftstrom achtet und danach die Segel richtet, so muß auch der Jäger genau den Luftzug beobachten. Das Wild windet*) stets mit außerordentlich feiner Nase, und bekommt

---

*) Winden oder wittern heißt beim Wild und den Hunden: durch den Geruch etwas vermerken oder entdecken wollen: naribus auras apprensare (Grat. 239) — captare (Verg. G. I, 376).

es von den aufgestellten Stangen oder Netzen Wind, so wird es sofort rege, reißt aus und vereitelt so den Zweck der Jagd.

Schlingen.

a) Βρόχοι Schlingen, Schleifen zum Aufhängen oder Erdrosseln (daher πολύστονα δεσμά). Denselben entsprechen bei den Römern die laquei, Halsschlingen, cervino nervo centexti, Gratius 90, aus einer Hirschsehne. Man wendet sie gerne beim Vogelfange an: cautus metuit accipiter suspectos laqueos, Horaz, epist. I, 16, 51; die ungetreuen Mägde des Odysseus werden (χ, 468) aufgehangen „wie die in Schlingen geratenen Drosseln oder Tauben." Aber auch sonstiges Wild wurde mit Schlingen gefangen, wie das auch heut zu tage noch der Fall ist. So sagt Hartig, Lehrbuch der Jagd: Man bedient sich der Fangschleifen bei der Jägerei meist nur noch zum Vogelfang; Wilddiebe benützen sie freilich auch zum Fange der Hasen in den Kohlgärten, und ehemals fing man sogar Rehe in den Schleifen, welche in den Lücken der sogenannten Rehhagen (= mit Lücken versehene Hecken, die man zum Fange der Rehe anlegt) angebracht wurden.

Das Attribut curraces bei Gratius 89 hat zu verschiedene Erklärungen Anlaß gegeben. So faßt Wernsdorf curraces im Sinne von: qui currentem sequuntur, und hält laquei für Fußfesseln. Barth erklärt curraces einfach als gleichbedeutend mit celeres. Stern vermutet, die laquei seien auf dem Boden ausgespannt gewesen und so gleichsam hinlaufend (currere per campum) zu denken. Wernsdorf Erklärung ist aber entschieden unrichtig; denn currentem sequi kann ausschließlich nur von der pedica (siehe den nachfolgenden Artikel) gesagt werden. Dagegen hat Sterns Vermutung etwas für sich. Die laquei konnten nämlich, wenn sie zum Fange von Vögeln bestimmt waren, wohl auch auf dem Boden hingelegt werden. Dies geschieht auch heut zu tage von den Schlingenlegern. Eine Anzahl von Schleifen und Roßhaare ein förmliches Gewirre bildend (natürlich an einer Seite am Boden befestigt), wird über den Boden hingebreitet, und in diesem fangen sich die Vögel, z. B. Rebhühner, welche durch Köder angelockt werden, indem sie sich mit den Füßen hinein verwickeln. Von dieser zusammenhängenden oder fortlaufenden Reihe von Schleifen konnte allerdings currere per campum gesagt werden. Indessen die Fangschleifen für größere Tiere, wie Hasen, Rehe u. a. aus Hirschsehnen (bei uns aus

Draht) mußten in Lücken von Hecken oder an den Wechseln aufgehangen werden, über der Erde, damit die hineinlaufenden Tiere sich am Halse fingen. In dieser Beziehung wird laqueus auch sonst gewöhnlich genommen. Ich führe nun an: Laqueis mortis caput non expedies. Hor. III, 23, 8; laqueuum nectit sponsae id. ep. I, 19, 31; laqueo gulam alicuius frangere, Sall. C. 58. Hier bedeutet laqueus nur die Halsschlinge, Curraces bezeichnet also in beiden Fällen die fortlaufende Reihe der (liegenden oder hängenden) Schleifen.

b) ποδάγρη, bei den Römern pedica, „Lauffänger" eine Vorrichtung mit einer Fußschlinge, in welcher sich das Tier mit einem Vorder- oder Hinterlaufe fing, und an welcher ein Pflock befestigt war, den das Tier bei der Flucht nachzog. Die ποδάγρα, auch ποδοστράβη (Xenoph. IX — Pollux V, 32) genannt, bestand 1) aus dem in eine Grube eingelegten Flechtwerk (πλόκανον), mit Nägeln versehen, 2) dem sogenannten Kranze (στεφάνη) aus hartem Holze, welcher die Oeffnung der Grube krönte, und auf welchem 3) die Schlinge (βρόχος) des Fangstrickes lag; an diesem war 4) ein Pflock befestigt, der in einiger Entfernung im Boden eingesenkt war. Wenn nun das Tier in die mit Laubwerk und Erde verdeckte Grube trat, verstrickte sich der Lauf in dem Flechtwerk; wenn es sich nun loszuzerren suchte, fand es nicht nur an dem Geflechte, sondern auch in den darin angebrachten Nägeln Widerstand; so zog es nun die Schlinge zu und mußte, wenn es sich endlich aus der Falle losgemacht, den am Stricke der Fußschlinge befestigten Pflock nachschleifen. Xenophon (und übereinstimmend mit ihm Pollux a. a. O.) gibt hievon folgende Beschreibung:

Die ποδοστράβαι sind aus Ruten vom Eibenholz verfertigt, und zwar ohne Rinde, damit sie nicht faulen. Sie müssen wohlgerundete Kränze haben und mit eisernen und hölzernen Nägeln versehen sein, die im Geflechte angebracht sind.

Die Schlinge des Strickes, der auf den Kranz zu liegen kommt, muß aus Pfriemenkraut geflochten sein, sowie auch der Strick selbst; denn dieses ist dem Faulen am wenigsten ausgesetzt. Die Schlinge sei fest wie auch der Strick; der daran geknüpfte Pflock aber von der Sommer- oder Wintereiche, drei Spannen lang.

Zum Legen des Lauffängers hebe man den Boden fünf Handbreiten tief aus und zwar kreisförmig und oben gleichweit mit dem Kranze der Falle, nach unten aber allmählich sich verengend. Auch für den Strick und den Pflock hebe man so viel Boden aus, als für Beide zum Legen erforderlich ist. Ist dies geschehen, so lege man etwas unten in die Vertiefung den Lauffänger, dem Boden gleich; auf dem Kranze herum aber die Schlinge des Strickes, welcher selbst nebst dem Pflocke auf die für beide bestimmte Stelle zu liegen kommt. Auf den Kranz werfe man kleine Brüche der Roggendistel, die nach außen vorstehen, und auf diese zartes Blätterwerk, wie es eben die Jahreszeit gibt.

Nach diesem schütte man Erde darauf, zunächst die obere aus der Grube ausgehobene, und darüber festen Boden aus einiger Entfernung, um dem Tiere die Stelle möglichst unmerklich zu machen: den Rest des ausgehobenen Bodens schaffe man weit von dem Lauffänger weg: denn wenn das Wild frisch aufgegrabene Erde wittert, so stutzt es und reißt aus.

Ganz im Einklange mit dieser Beschreibung sagt Gratius (92): »Dentatas iligno robore clausit venator pedicas.«

Gefangen wurden mittels solcher Lauffänger gewöhnlich Hirsche, nach Pollux auch Wildschweine, und zwar an Wechseln, Suhlungen (sumpfigen Plätzen, wo sich Hirsche und Wildschweine abzukühlen pflegen), Wiesen und Aeckern, wo das Wild zu ziehen pflegt.

Nach einer Bemerkung in Rich's illustr. Wörterbuch der röm. Altt. S. 452 bedienen sich einer der pedica ganz ähnlichen Falle zu diesem Zwecke noch jetzt die Araber, die sie wahrscheinlich von den alten Aegyptern überkommen haben, so daß wir als gewiß annehmen können, daß sie mehreren Völkern des Altertums gemein war.

c) μήρινθος, eine Schnur aus σπάρτος (Binsenginster) geflochten, und ἅμματα = Schnüre, Stricke — waren überhaupt Attribute zu den Fangwerkzeugen.

II. Werkzeuge zum Erlegen des Wildes.

1) Drei Arten von Wurfgeschoßen

a) ἄκοντες, Wurfspieße, ἀμφίδυμοι, τάναοι;
b) αἰχμὴ τριγλώχιν, eine dreizackige Lanze;
c) σιγύνης εὐρυκάρηνος, ein Jagdspieß mit breiter Klinge (macedonisch-thracischen oder scythischen Ursprungs).

Diesen entsprechen bei den Römern die venabula, hastilia, cuspides, iacula und missilia, welche Bezeichnungen ohne Unterschied gebraucht wurden: sämtlich lange Wurfspieße mit einem Schaft aus hartem Holze (valida hastilia Grat. 127) und mit starker Spitze (valido dente) oder breiter Klinge (gewöhnlich von rautenförmiger Gestalt) welche Eigenschaft meist ausdrücklich hervorgehoben ist, z. B. venabula lato ferro, Verg. Aen. 4, 131; Tu grave dextra laevaque simul Robur lato dirige ferro. Senec. Hipp. 50. Tela, lato vibrantia ferro, Ov. met. VIII, 342

Gratius führt ferner v. 342—343 die falarica an:
Terribilem manu vibrata falarica dextra det sonitum.

Dieselbe (auch bei Verg. Aen. 9, 705 [f. stridens] und Livius 34, 14 erwähnt) war ein Speer mit breiter Klinge. Davon ist zu unterscheiden die falarica, wie sie Livius 21, 8 beschreibt: ein Brandpfeil, welcher aus einer Maschine auf die Feinde abgeschossen wurde.

Ursprünglich bediente man sich nach Gratius eines Wurfspießes mit starker eiserner Spitze. Hinter der Spitze an dem Schafte waren zwei eiserne Zähne (morae, Aufhalter, bei Pollux κνώδοντες) angebracht, welche einerseits das allzu weite Eindringen des Wurfspießes verhinderten, andererseits aber auch zugleich festen Widerstand gegen das Andringen des getroffenen stärkeren Wildes (z. B. Eber) ermöglichten. Später trat an die Stelle der einfachen eine zweifache Spitze, also ein gabelförmiges Geschoß, um eine doppelte Wunde zu erzeugen.

Endlich brachte man an die Stelle der κνώδοντες einen scheibenförmigen hölzernen oder eisernen Ring, der hinwiederum mit mehreren kleineren Klingen besetzt war, so daß die Wunde eine vielfache wurde.

Die Spieße der Macedonier (conti) waren, wie Gratius berichtet, von ungeheurer Länge, Dicke und Schwere, während die Klinge verhältnismäßig dünn und kurz war (exigui dentes). Dagegen hatten die

Lukanischen Wurfspieße einen kurzen, leichten und dünnen Schaft, aber eine sehr lange Spitze (ingens culter). Der Schaft war aus Eschenholz, dessen Brauchbarkeit zu diesem Zwecke bekanntlich schon Homer hervorhebt: oder aus dem harten hornartigen Holze des Thracischen Kornelkirschenbaums, woraus nach Vergil Aen. 5, 311 auch Pfeile verfertigt wurden; von solchem Holze war der Wurfspeer, den Theseus bei der kalydonischen Jagd führte. Ferner verwendete man hierzu das Holz des Kyprischen Myrtenbaumes, von Verg. G. II, 447 rühmlich erwähnt; dann des Taxus (Eibenbaum), von Xenophon gerühmt und von Silius metonymisch geradezu für Wurfspieß genannt; endlich das der Fichte und des Ginsters, welch' letzterer, zwar zu den Sträuchern zählend, doch die Stärke eines Baumes erreicht.

Der Speer kam besonders beim Angriffe auf stärkere Tiere zur Anwendung, die sich gegen den Jäger stellten und sich mit ihm in Kampf einließen (Oppian). Er war eine furchtbare Waffe; von kräftiger Hand geschleudert, fuhr er pfeifend durch die Luft (Gratius.) Uebrigens führte der Jäger in der Regel deren zwei bei sich: so Aeneas (Verg. Aen. 3, 313) bei seinem Streifzuge an der libyschen Küste, des Angriffes feindlicher Männer oder wilder Tiere gewärtig. (Siehe ferner oben die Stelle aus Seneca Hippol. 50!) Oppian verlangt geradezu zwei Speere (ἄκοντες ἀμφίδυμοι).

2) οἰστός, Pfeil;

sagitta volucris (Grat. 126), spicula und arundo (Verg. Aen. VII, 497 und 499); dazu τόξον, arcus und φαρέτρα, pharetra.

Aeneas' Gefährte Achates trägt (Vergl. Aen. I, 188) Bogen und Pfeile. Als jener von weitem äsende Hirsche erblickt, pirscht er sie an und erlegt mehrere derselben.

Bogen und Pfeile gehören auch speziell zur Ausrüstung der Jägerinnen. Diana führt den Bogen (ἰοχέαιρα) und lehrt ihre Gefährtinnen die Handhabung desselben:

Ipsa arcu Lyciaque suas Diana pharetra Armavit comites (Grat. 124).

Venus begegnet (Aen. I, 318) ihrem Sohne, als spartanische oder tracische Jägerin gekleidet, den Köcher tragend.

Atalanta war eine berühmte Bogenschützin. —

Dido, dem Aeneas zu Ehren eine Jagd veranstaltend (Vergl. Aen. IV, 138), trägt einen goldenen Köcher.

3) δρεπάνη

= δρέπανον, Sichel, Hippe, krummes Schwert; nach Pollux dazu bestimmt, um damit Holzwerk abzuhauen (εἰ δέοι τῆς ὕλης τι κόψαι), oder, nach Xenophon, um erforderlichen Falles Lücken mit abgehauenem Holzwerk verstopfen zu können. (ἵνα ᾖ τῆς ὕλης τέμνοντα φράττειν τὰ δεόμενα).

Der δρεπάνη entspricht bei den Römern falx; curva rumpant non pervia falce (Grat. 343).

4) φάσγανον,

ein langes Messer im Notfalle zur Wehr, sonst wohl zum Aufbrechen und Ausweiden des erlegten Wildes. Diesem entspricht bei den Römern culter; Gratius 341: Ima Toletano praecingant ilia cultro.

Dieses Messer, aus Toledo in Spanien bezogen, wird unter den wichtigsten Ausrüstungsgegenständen angeführt; Seneca cp. 88 gebraucht culter sogar im Sinne von venatio. Nach Seneca Hipp. 53 war es krumm: Curvo solves viscera cultro.

Getragen wurde es nach der erwähnten Stelle bei Gratius an der Seite.

5) Als weitere Geräte zur Verwendung bei größeren Jagden dienten: ἁρπάλαγος, ein Instrument zum Abreißen von Holzwerk oder Hinwegräumen von Hindernissen; κάμακες, Stangen, Pfähle: nach Xen. de re equ. XII, 12 war κάμαξ ein langer Speer, dessen sich die Reiter bedienten; nach Pollux ein Pfahl zum Stützen der Weinreben; endlich κάμακες = στάλικες, Stellstangen, an welchem Netze beim Vogelfang aufgehangen waren (Verfasser der Ἰξευτικά). — Mittels Stangen wurden auch nach alten Abbildungen erlegte größere Tiere von den Dienern heimgetragen. βουπλῆγες, Beile; ἀγκυλίδες σκολιαί, Krummstock, dem Schäferhacken (pedum) ähnlich, den der Jäger in der Hand trug. Eine alte Abbildung stellt einen mythischen Jäger dar, der an seinem Krummstocke einen Hasen über der Schulter trägt. Man warf denselben auch nach Hasen, (daher λαγωβόλον Theocr. IV, 49); τρίαινα λαγωφόνος, ein dreizackiges Instrument zum Abschlagen der gefangenen Hasen, und κορῶναι μολιβοσφιγγεῖς, krumme Stäbe, Knüttel mit eingegossenem Blei gebraucht bei Erlegung stärkerer Tiere. —

Unter den oben angeführten Jagdgeräten fehlt ein von Oppian aber an anderer Stelle (IV, 384—394) erwähntes Werkzeug:

III. Das Blendzeug.

Dieses diente dazu, das Wild zu schrecken und es eine Zeit lang in einem Walddistrikte festzuhalten oder von der Flucht in einen anderen zurückzuhalten.

Gratius, Nemesian und Oppian beschreiben dasselbe näher. Diese δείματα θηρῶν (Opp. IV, 389), bei den Römern formidines (Grat. 83 metus) genannt, bestand aus einem langen leinenen Seile, in halber Manneshöhe auf dünnen Gaffeln (ancones) längs dem Reviere, worin sich das Wild befand, hingezogen, an welchem in geringen Abständen bunte, glänzende Federn (gleich unsern Federlappen) herabhingen. Geeignet hiezu war das Gefieder von Geiern, Hähnen, Schwänen, Gänsen und Störchen; dazu kamen auch noch bunte Lappen. Der Glanz und das bunte Aussehen dieser formidines (περιδαίδαλα παμφονό-ωντα, ἄνθεα ταινιῶν πολύχροα, Opp.) punicea penna (Verg.), sowie der widrige Geruch der Geierfedern (immundo decerptae vulture plumae, Grat. 75; dirus odor, id. 80) machte die Tiere stutzig (terribiles species, Grat. 79), so daß sie vor ihnen umschlugen.

Von ihrem bunten Aussehen und ihrem trügerischen Zwecke hatten sie die Epitheta variae, vanae, falsae; z. B.

Picta rubenti linea penna
Vano cludat terrore feras. (Seneca Hipp. 43, 44.)
Metus falsus. (Grat. 88.)
Pavidos terre varia formidine cervos (Ov. rem. a. 203).

Man wendete dieselben an bei der Jagd auf Hirsche, Eber, Bären, Füchse und Wölfe (Nemes. 306).

Bei Verg. Aen. XII, 750 ist ein Hirsch vom Jäger und den Hunden hart bedrängt; Blendzeug verwehrt ihm den Ausweg (saeptus puniceae (rötlicher) pennae formidine; — territus insidiis); er flieht zurück und erliegt den Hunden.

An solches Blendzeug denkt auch Lukan, Phars. 4, 437:

.... dum pavidos formidine cervos
Claudat odoratae metuentes aëra pinnae.

Desgleichen bezieht sich bei Ovid. met. (3, 473 artes dolosae auf formidines, wenn er sagt:
> Retia cum pedicis laqueosque artesque dolosas
> Tollite!

Außer den genannten Geräten sind noch anzuführen:

1) Das von Xenophon erwähnte und von Pollux näher beschriebene προβόλιον, venabulum, Fangeisen, ein Jagdspieß, mit welchem das Wildschwein abgefangen wurde. Es bestand aus drei Teilen: der eisernen Feder (daher auch der Spieß Schweinsfeder heißt), dem Knebel und dem Schafte. Letzterer, von der Dicke eines gewöhnlichen Wurfspießes, war aus Hartriegelholz (κρανεία), einem sehr harten und zähen Stoffe. Die Feder (λόγχη) war aus Eisen, sehr spitzig, 2—3 Fuß lang; die Spitze hieß γλῶττα. Der Schaft stak in der Hülse der Feder (αὐλός), zu deren beiden Seiten lange eiserne Zähne (πτέρυγες, προβολαι, κνώδοντες ἀποκεχαλκευμένοι) hervorstanden, um den Stoß zu hemmen und den nötigen Widerstand gegen das anstürmende Wildschwein zu geben. —

2) Die von Vergil G. I, 308 erwähnte funda, Schleuder, ein trichterförmiges Netz, mit welchem eine Kugel geschleudert wurde, z. B. auf Damhirsche (figere damas, Verg. a. a. O.). Das Epitheton Balearis bezeichnet sie als ähnlich oder identisch mit der Waffe der bekannten balearischen Schleuderer (funditores).

„Diese Waffe war in einer geschickten Hand eine sehr gefährliche. Jedenfalls ist das Breitschlagen des olivenförmigen Bleis an einem harten Körper anzunehmen." (Vgl. Pauli, R. E. funditores!)

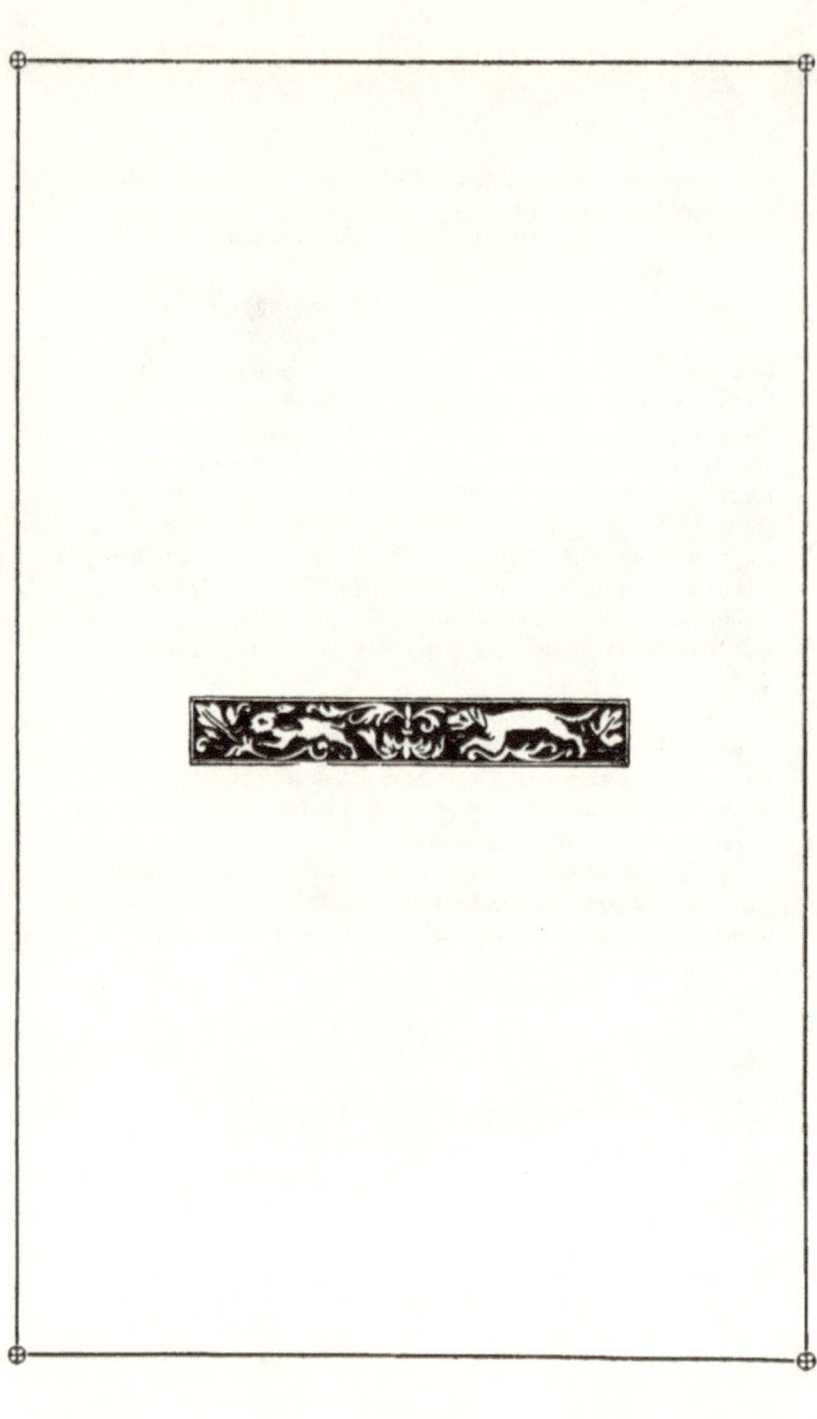

IV.
Jagdhunde und Jagdpferde.

Jagdhunde.

Der Hund ist der unzertrennliche und unentbehrliche Gehilfe (comes) des Jägers; er teilt mit ihm alle Mühen und Anstrengungen der Jagd, daher ihn Oppian (IV, 379) συνάεθλος nennt. Von seiner Tüchtigkeit und Geschicklichkeit ist der günstige Erfolg der Jagd wesentlich mit abhängig, weshalb Gratius verlangt, daß er jedesmal den ihm gebührenden Anteil an der Beute erhalten solle (v. 246—248):

> Ergo ubi plena suo rediit victoria fine,
> In partem praedere veniat comes et sua naris
> Praemia: sic operi iuvat inservisse benigno.

Er führt den Jäger auf die Fährte des Wildes, jagt es auf, um es zu verfolgen und einzuholen, oder zu stellen und zu verbellen und, wenn nötig, anzugreifen. Daher ist die Wahl eines guten Hundes, sowie dessen Aufzucht und Pflege eine der wichtigsten Obliegenheiten des Jägers.

> Prima illa canum, non ulla per artes
> Cura prior, sive indomitos vehementior hostes
> Nudo Marte premas seu bellum ex arte ministres (Grat. 151—154.

Bezeichnender Weise nannten die Griechen den Jäger κυνηγέτης (auch ἐπακτήρ) und drückten dadurch die Unzertrennlichkeit des Jägers und Hundes am deutlichsten aus.

Bei der Wichtigkeit nun, den der Besitz eines guten (generosi, honesti) Hundes für den ersprießlichen Betrieb der Jagd hat, ist es selbstverständlich, daß man einen großen Wert auf die Erwerbung eines Hundes von guter Rasse legte. Deshalb haben sämtliche Jagdschriftsteller diesem Gegenstande eine ganz besondere Aufmerksamkeit

zugewendet und ihre diesbezüglichen Darstellungen gehören zu den
interessantesten und gelungensten in ihren Werken. Die Nichterwäh-
nung der Keltischen Hunde in dem Lehrbuche Xenophons bot Arrian
die unmittelbare Veranlassung zur Abfassung seines Ergänzungswerkes.
Oppian widmet dem Eifer der Hunde beim Aufspüren des Wildes
einige seiner schönsten Vergleiche. Gratius' Darstellung der Eigenschaften und Pflege der Hunde ist der Glanzpunkt seines Gedichtes.
Arrian kann sich sogar nicht versagen, uns eine getreue Beschreibung
und Schilderung seines Lieblingshundes zu geben. Auch Homer
hat der Anhänglichkeit und Treue des Hundes ein Denkmal gesetzt
(Od. 17, 290—324): Argos war der Lieblingshund des Odysseus; dieser
hatte ihn in seiner Jugend oft mit auf die Jagd genommen und
hatte seine Freude an dem ebenso schönen, als flüchtigen und im Aufspüren ungemein gewandten Tiere. Von seinen langjährigen Irr-
fahrten zurückgekehrt, wird er zuerst von seinem treuen Argos wieder
erkannt, der sich, vor Alter schon matt und kraftlos, bei Wieder-
erkennung seines geliebten Gebieters noch einmal aufrichtet, um ihm
seine treue Anhänglichkeit zu bezeigen und dann — zu sterben.

Auch sonst führt Homer den Hund öfters in Jagdbildern vor*):
Die Genossen des Hektor ducken sich vor Diomedes, wie die Hunde
vor dem Löwen. *E 476*. — Hektor verfolgt die Achäer so unablässig,
wie ein Jagdhund sich an die Fersen des Löwen oder Ebers heftet.
Θ 338. — Diomedes und Odysseus verfolgen den Dolon, wie zwei
Jagdhunde ein Reh oder einen Hasen. *K 360*. — Antilochus springt
gegen den sinkenden Feind an, wie ein Hund auf ein verwundetes
Wild. *O 579*. — Die Troer verfolgen die beiden Aias, wie Hunde
einen Eber, zurückschreckend, sobald derselbe sich umwendet. *P 725*. —
Achilles verfolgt den Hektor, wie der Hund das Hirschkalb.

Rassen.

Was nun die vorzüglichsten Rassen betrifft, so wurden solche aus
Europa, Asien und Afrika bezogen. Man kannte deren sehr viele;
jede derselben hatte natürlich ihre besonderen Vorzüge.

Mille canum patriae, ductique ab origine mores cuique sua (g. 154—155.)

Zu den ausgezeichnetsten und als solche bekanntesten zählten die

---

*) Vergl. Dr. Fromann, homerische Gleichnisse (Programm Büdingen 1882).

Molofſiſchen: ſie waren kräftig gebaut, ſcharf, flüchtig und mutvoll, ebenſo zur Jagd auf Hirſche und Wölfe geeignet, wie (Verg. G. III, 406) als wachſame Haushunde (gegen Diebe und Wölfe) geſchätzt. Gleich hoch gehalten waren die Spartaniſchen und Kretiſchen Hunde, ebenſo wegen ihrer feinen Naſe, wie wegen ihrer Flüchtigkeit und Kraft; ferner die Lakoniſchen und Lokriſchen. Die Geloniſchen und Umbriſchen waren gute Leithunde, aber feige. Als feine Spürhunde galten ferner die Aetoliſchen und Cusciſchen oder Cyrrheniſchen. — Tüchtige Hunde lieferten auch Cyrenä und Aegypten. Der ſogenannte Agaſſäiſche (ein engliſcher) Spürhund war nach Oppian von dem gewöhnlichen Haus- hunde nicht viel verſchieden, aber er hatte eine ausgezeichnet feine Naſe und vorzüglichen Eifer. Ueberhaupt rühmt derſelbe den eng- liſchen Hund als einen der tüchtigſten und brauchbarſten, worauf frei- lich ſein Aeußeres nicht ſchließen laſſe. Dasſelbe Lob ertheilt ihm Nemeſian, beſonders ſeine Flüchtigkeit hervorhebend. Letzterer preiſt desgleichen die langhaarigen tusciſchen Hunde als außerordentlich fein- naſig und beſonders gewandt als Spürhunde auf der Haſenjagd. — Arrian und Gratius erwähnen eine Raſſe keltiſcher (galliſcher) Hunde nach ihrem keltiſchen Namen Vertragen (vertragi, andere leſen ver- trahae, Martial vertagi) genannt, welche ſehr brauchbar zur Haſenjagd geweſen ſeien, übrigens mehr im Verfolgen, als im Aufſpüren tüchtig. Dieſelben ſcheinen mit unſeren Windhunden Aehnlichkeit gehabt zu haben. Als eine der vorzüglichſten Raſſen bezeichnet Gratius weiter- hin die von den Griechen ſo genannten Metagonten. Der Name findet ſich ſonſt nirgends. Dieſelben waren ſpartaniſche oder kretiſche Hunde, zuerſt von dem Böotier Hagnon — den Gratius als vorzüglichen Jäger der alten Zeit und Lehrmeiſter der Jagd feiert — eingeführt.

Xenophon unterſcheidet von den Hunden, die in Griechenland zu den Hetzjagden gebraucht wurden, eigentlich nur zwei Raſſen: die Kaſtoriſchen, ſo genannt, weil ſich Kaſtor um deren Aufzucht verdient gemacht; und ſogenannte Fuchshunde, von Hunden und Füchſen ab- ſtammend. Beſonders bösartig waren die Keltiſchen, die Karmaniſchen (ebenſo unbezähmbar und wild, wie die Einwohner ſelbſt, ſagt Aelian nat. anim. III, 3) und die Indiſchen. Letztere waren eine Kreuzung von Hunden und Tigern, ausgezeichnet wie durch ihre Wildheit, ſo auch durch Größe und Stärke. Sie verachteten alle anderen Tiere und kämpften nur mit Löwen. Sie ſtellten und verbellten ihn, ohne ſich durch sein Gebrüll einschüchtern zu lassen. Aelian, der dies berichtet, erzählt von ihrer Wut beim Kampfe mit einem Löwen folgende, auch von Kurtius erwähnte Geschichte: Als Alexander auf seinem großem Feldzuge nach Indien kam, veranstaltete ihm zu Ehren ein Indier folgendes Schauspiel. Man ließ vor einem Indischen Hunde einen Hirsch, dann einen Eber, dann einen Bären los. Der Hund rührte sich nicht, sondern blieb unbeweglich. Endlich wurde ein Löwe losgelassen. Kaum ward er desselben ansichtig, als er wütend, wie wenn er jetzt seinen wahren Gegner gefunden, sich auf ihn stürzte, ihn am Halse packte und ihn nicht mehr losließ. Da schnitt ihm der Indier einen Fuß ab; der Hund aber ließ nicht los. Dann schnitt ihm der Indier nach und nach auch die übrigen Füße ab; aber auch so ließ der Wütende nicht los. Und als man ihm zuletzt auch den Kopf abschnitt, blieben noch die Zähne im Körper des Löwen haften. Nun beklagte Alexander bitter, daß durch seine Veranlassung ein so tapferes Tier so jämmerlich zu grunde gegangen sei und beruhigte sich erst, wie der Schriftsteller mit der den Alten eigentümlichen Naivetät hinzusetzt, als er vier andere Hunde dieser tapferen Rasse als Geschenk erhalten hatte. — Auch Gratius führt eine Kreuzung von Hunden und Füchsen, thoes, eine Art Schakal, an, welche auf das unerschrockenste mit Löwen kämpften.

Was Kreuzungen betrifft, so erwähnt deren Oppian mehrere als trefflich: von Arkadischen und Eleischen, von Päonischen und Kretischen, Karischen und Thracischen, Tyrrhennischen und Lakonischen, Sarmatischen und Iberischen. Indessen, fügt er hinzu, die reinen Rassen sind nach der Beobachtung der Jäger immer die besten; während dagegen Gratius behauptet, daß bei Kreuzungen die Jungen stets die beiderseitigen Vorzüge der Eltern annehmen.

Gestalt.

Ein „richtiger" Hund kennzeichnet sich schon durch seine Gestalt: Kopf, Läufe, Brust, Körperlänge, Behang und Rute, Länge und Farbe der Haare lassen die Rasse erkennen; und da jede Rasse ihre besonderen Eigentümlichkeiten und Vorzüge hat, so pflegt der Jäger bei der Erwerbung des Hundes, dessen Besitz seine Freude und Stolz ist, ein besonderes Gewicht darauf zu legen, daß derselbe die Kennzeichen der Rasse an sich trägt. Manche Hunde, sagt Xenophon, sind infolge unverständiger Abrichtung mit Fehlern behaftet, meistens aber sind Hunde schon von Natur aus zum Jagen unbrauchbar und können einem dadurch alle Jagdliebhaberei entleiden. Darum hält er für angezeigt, nachzuweisen, wie echte Jagdhunde von Gestalt beschaffen sein müssen. Für's erste, sagt er, müssen sie groß sein; sodann einen leichten, stumpfnasigen, nervigen Kopf haben, sehnig unterhalb der Stirne; vorstehende, schwarze glänzende Augen; eine große und breite Stirne mit tiefer Scheidelinie; langen, schmalen, hinten kahlen Behang; langen, geschmeidigen, runden Hals, breite von den Schultern an etwas fleischige Brust; ein wenig von einander abstehende Schulterblätter; kurze, gerade, runde, feste Vorderfüße; gerade Ellenbogen; nicht so sehr tiefe, sondern schräg auslaufende Seiten; fleischige, die Mitte zwischen lang und kurz haltende, weder zu weiche noch zu starre Lenden; weder zu große noch zu kleine Wammen; runde, hinten fleischige, oben nicht zusammenstoßende, nach innen aber gedrungene Hüften; schlaffe Flanken; die Rute lang, gerade, dünn; die Oberschenkel derb; die Hinterfüße viel höher, als die Vorderläufe und etwas gekrümmt; die Läufe beweglich. Sind die Hunde also gestaltet, so werden sie kräftig, flüchtig, wohlproportioniert, munteren Aussehens und guten Maulwerks sein. Arrian hält die Länge für das sicherste Kennzeichen der Flüchtigkeit und der Reinheit. Als Kennzeichen eines guten Hundes nennt dieser einen schmalen, muskulösen Kopf, langen und schlaffen Behang; langen, runden und geschmeidigen Hals; breite Brust, von einander abstehende Schulterblätter; runde, gerade und gedrungene Läufe; sehnigfeste Lenden; lose Wammen, nicht zusammenstoßende Hüften; schlaffe Flanken; dünne, lange, dichtbehaarte, geschmeidige, gekrümmte und an der Spitze buschige Rute.

Was die Farbe betrifft, so verlangt Xenophon, daß sie weder ganz schwarz, noch ganz weiß, auch nicht ganz fuchsartig sei. Arrian dagegen sagt, die Farbe möge sein, welche sie wolle: nur solle die einmal vorhandene Farbe glänzend und rein sein, dabei die Haare fein, dicht und reich. Oppian verwirft die weiße und schwarze Farbe und zieht die von Raubtieren, wie Wolf, Tiger, Panther, Fuchs vor. Derselbe stimmt mit Xenophon und Arrian betreffs der Kennzeichen flüchtiger und für Hirsch-, Reh- und Hasenjagd brauchbarer Hunde im allgemeinen überein, nur weicht er darin von ihnen ab, daß er kurzem Behange den Vorzug gibt. Bezüglich der Kennzeichen von Hetzhunden zur Büffel-, Sau- und Löwenjagd verlangt er: gedrungenen, stark gebauten Körper; wilden, feurigen Blick, rauhe Haare, breiten Rücken, mehr Kraft als Schnelligkeit; unerschrockenen Mut.

Gratius und Nemesian erwähnen dieselben Kennzeichen, wie die Genannten, nur gibt Gratius der kurzen Rute den Vorzug.

Gemütsart.

Auch die Gemütsart bietet nach Arrian dem aufmerksamen Beobachter Kennzeichen für die Tüchtigkeit und Reinheit der Rasse. So z. B. sind die gegen jedermann mürrischen Hunde nicht edler Art. Sind sie gegen Fremde mürrisch, gegen ihren Herrn aber freundlich, so ist dies eher gut, als schlimm. Manche sind zu Hause traurig und gegen niemand, der sich ihnen nähert, zutraulich; auf die Jagd aber mitgenommen sind sie ausnehmend munter und gegen jedermann, der ihnen nahe kommt, freundlich. Diese sind gut. Alle diejenigen aber, welche Menschen fürchten, bei Geräusch erschrecken, viel Lärm machen oder häufig ohne Grund unruhig werden, sind unbesonnen und toll: „wie furchtsame Menschen gleich den Kopf verlieren, so können auch solche Hunde nimmermehr tüchtig sein."

Oppian verlangt, daß die Hunde schon von Jugend auf zutraulich gegen jedermann, dagegen feindselig gegen das Wild sein sollen.

Namen.

Die Namen der Hunde seien kurz, damit sie gut gerufen werden können, (Xenophon) und damit sie den Ruf schnell hören (Oppian). Xenophon gibt ein Verzeichnis von 47 Hundenamen. Sämtliche Wörter sind zweisilbig z. B. Phonax (Würger), Horme (Stürmer), Medas (Merkauf). Wenn es nun wahr ist, daß er selbst seinen berühmten Hund „Hippocentaurus" gerufen habe, wie Pollux IV, 47 erzählt, so hat er sich mit seiner Vorschrift in starken Widerspruch gesetzt. Es wird aber wohl mit Sicherheit angenommen werden dürfen, daß die Bezeichnung des tüchtigen Tieres als „halb Tier, halb Mensch" nicht auch als Name galt, mit dem es gerufen wurde. Von lateinischen Namen nennt Kolumella Ferox, Celer, Lupa, Cerva, Tigris. Weitere Namen von Hunden siehe unter „Jagd auf Rotwild" am Schlusse!

Aufzucht und Fütterung.

Die jungen Hunde sollen von der Mutter aufgezogen werden; denn, sagt Xenophon, die fremde Pflege ist dem Gedeihen nicht förderlich, während von der Mutter nicht bloß die Milch, sondern auch der Atem gut thut und das Anschmiegen an dieselbe behaglich ist. Wenn die Jungen anfangen, herumzulaufen, fährt Xenophon fort, so gebe man ihnen das erste Jahr Milch und solche Dinge, wovon sie auch später sich nähren, sonst aber nichts! Das Ueberladen mit schweren Speisen verkrümmt die Beine der jungen Hunde, legt in den Körper den Keim zu späteren Krankheiten und erzeugt Mißbildungen im Innern. — Arrian sagt: Die Milch ist für die jungen Hunde die beste Nahrung bis in den neunten Monat und noch länger. Ferner empfiehlt derselbe Weizen- oder Gerstenbrot, trocken oder mit Wasser angefeuchtet. Für den kranken Hund, sowie für die jungen, um ihre Glieder zu stärken, solle man entweder fette Fleischbrühe zuschütten oder geröstete und dann geriebene Rindsleber mit Mehl. Uebrigens sei für die Kranken auch die Hungerkur gut. Ferner verlangt derselbe, man solle sie zur Winterszeit nur einmal kurz vor Abend füttern, im Sommer aber ihnen auch während des Tages nur ein wenig Brot geben, wohl auch eingesalzenen Speck. Wenn ihnen aber die große Hitze viel zu schaffen mache, so nehme man ein Ei, sperre dem Hund das Maul auf und bringe es ihm so bei, daß er es ganz hinunterschlucken müsse; das sei einerseits genug Nahrung für ihn, anderseits kühle es die lechzende Brust und stille den Durst.

Oppian verwirft als erste Nahrung die Milch von zahmen Haustieren, weil die Hunde sonst träge und lässig würden; dagegen hält er alles auf die Milch der Hirschkuh, der wilden Ziege, der Löwin und Wölfin, da durch deren Genuß die Hunde ebenso kräftig und schnell würden, als jene. — Gratius empfiehlt nur Milch und leichten Mehlbrei; sonst solle man ihnen nichts geben. — Nemesian aber schreibt im Einklang mit Vergil (G. III, 405) vor: Molken, wodurch die Hunde fett werden; bisweilen Milch und Gerstenschrot, um sie kräftig zu machen; später schränke man aber die Portionen ein, damit sie nicht zu beleibt und dadurch weniger gelenk werden. — Derselbe verlangt weiter, man solle den ersten Wurf gar nicht aufziehen, wenigstens die schwächeren Hunde nicht. Wolle man im letzteren Falle die besseren Hunde von den schlechteren unterscheiden, so prüfe man sie nach dem Gewichte; die leichteren seien meist die flüchtigeren — eine Annahme, die wir auch bei Gratius aufgestellt finden. Man könne aber die Entscheidung über die Tüchtigkeit der Jungen auch der Mutter selbst durch folgende Art, die man eine förmliche Feuerprobe nennen kann, überlassen. Man verbringe die Jungen an einen Platz, der rings mit brennbaren Stoffen umgeben ist, während man die Alte außerhalb desselben zurückhält. Sodann stecke man den umgebenden Kreis in Brand. Sobald nun die Hündin ihre Jungen von den Flammen rings bedroht sieht, wird sie, losgelassen, über das auflodernde Feuer in den Kreis hineinspringen, sofort ein Junges mit den Zähnen packen und in Sicherheit bringen. Sodann ein zweites und so der Reihe nach die andern. Jedesmal aber wird sie das tüchtigste zuerst retten! — Die jungen Hunde, verlangt Nemesian, soll man nicht einsperren und auch nicht anhängen; denn dies würde ihrer späteren Flüchtigkeit Eintrag thun. Die jungen Hunde reißen und nagen am Pfahle oder kratzen mit ihren Nägeln an dem harten Pfosten und fügen sich so Schaden zu. Erst im achten Monate sollen sie angehängt werden!

Der gewöhnliche Aufenthalt der Hunde war der Hof (aula), ein abgeschlossener Zwinger mit Hütten (cubilia, Varro 2, 9) für die einzelnen Hunde. Die Halsbänder (collaria, δέρμα) waren weich und breit, um nicht die Haare abzureiben (Xenoph. VI, 1) und zwar, wie aus Varro zu entnehmen ist, aus starkem Leder und innen meist mit Pelz ausgefüttert (siehe Pollux V, 55). Eine Abbildung nach einem Gemälde im Herkulanum stellt einen von Meleagers Hunden dar mit einem Halsbande von Leder und mit eisernen Spitzen versehen (clavis ferreis eminentibus); solche Halsbänder (maelia oder milli) wurden den Hunden bei der Jagd auf wilde Tiere angelegt, um die verwundbaren Teile des Halses oder Nackens gegen ihre furchtbaren Gegner zu schützen. (Siehe Rich, illustr. Wörterb. d. röm. Altt. millus.) Die Leitriemen ($ἱμάντες$,) waren nach Xenophons ausdrücklicher Vorschrift nicht zugleich mit einer Schlinge für den Hals des Hundes, sondern nur mit einer solchen für die Hand des Führers versehen und am Halsbande befestigt: „Wer aus dem Leitriemen zugleich auch das Halsband macht, der meint es nicht gut mit seinem Hunde."

Dressur.

Die Wahl eines Hundes von guter Rasse und die Sorge für das Gedeihen des jungen Hundes erfordert Geschicklichkeit und Fleiß von Seite des Jägers. Noch mehr aber ist dies der Fall bei der Dressur, durch welche die natürlichen Fähigkeiten des Jagdhundes ausgebildet und zu praktischer Tüchtigkeit gefördert werden sollen. Darum wendete man ehemals auf die Dressur ebenso große Mühe und Sorgfalt, wie heut zu tage. Nach Xenophons Vorschrift führte man die Hündinnen nicht vor dem zehnten, nach Arrian nicht vor dem elften Monate, die Hunde aber, deren Glieder erst viel später ihre Festigkeit erhalten, mit zwei Jahren auf die Jagd. Nemesian verlangt für letztere ein Alter von $1^3/_4$ Jahren. Wenn nun der Hund zur Suche auf Lagerspuren abgerichtet wurde, führte ihn der Jäger an der Leine vor sich her. Diese (lorum, $ἱμάς$) war sehr lang, wie man an den aufgerollten Schlingen einer Abbildung nach dem Basrelief eines Marmorgrabmals im Museum zu Verona sehen kann. Auf den Laufspuren dagegen ließ er sie los, um den Hasen zu verfolgen oder ihn zu würgen, wenn er sich etwa in aufgestelltem Netze gefangen. Dem ungehörigen Suchen bei Schwärmen wurde durch wiederholtes Anhängen abzuhelfen gesucht. Das machte allerdings viel Mühe. Daher wurde den jungen Hunden oft ihr Futter neben den Fallnetzen gegeben, damit sie sich eher daran gewöhnten, sich in der Nähe der Netze zu halten, oder, wenn sie im Bezirke umherschwärmten, leichter wieder dahin zurückfanden. So nach Xenophons Vorschrift. Arrian empfiehlt folgendes: Man lasse einen Hasen auf freiem Felde laufen und hetze den jungen Hund aus naher Entfernung darauf, so daß ihn jener voll in Sicht hat und mit Eifer an die Arbeit geht. Dauert diese aber zu lange, so muß man einen andern fermen Hund hetzen, damit der junge nicht aus Ermattung zu jagen aufhört. — Löst man aber einen flüchtigen Hund, ohne daß er das Wild sucht, so rennt er umher, macht Sprünge, kommt ganz außer sich und schwärmt hin und her. Am besten ist es übrigens, man lasse den Hasen von der Seite aus behetzen. Ist er gefangen, so laufe man rasch nach, um den Hund zu verhindern, den Hasen anzuschneiden.*) — Anfangs führe man die

---

* D. h. zerreißen oder zum Teil fressen.

Hunde lauter rauhe Wege; denn das ist eine gute Uebung, wodurch sie feste Läufe bekommen. Nemesian will, wie Arrian, die jungen Hunde anfangs nicht zu stark angestrengt wissen, da dies ihrer späteren Flüchtigkeit Eintrag thue. Deshalb solle man die ersten Uebungen in einem abgegrenzten Bezirke vornehmen. Dabei aber solle man einen jungen Hasen loslassen, den sie auch im stande sind einzuholen, damit ihr Eifer und die Zuversicht auf ihre Kräfte gefördert werde und sie sich durch Uebung darangewöhnen, ihre Aufgabe rühmlich zu Ende zu führen. Dabei sollen sie auch lernen, auf den Zuruf des Herrn achten, wenn dieser sie aneifert oder von der Verfolgung abruft. Letzteres ist selbstverständlich von großer Wichtigkeit. Daher sagt auch Arrian bei seinen Bemerkungen über die guten und schlechten Hunde: Schlechte sind alle, die im Felde von der Leine gelöst nicht auf den Ruf des Führers zurückkommen, sondern hin und her rennen und, wenn man sie freundlich abruft, nicht darauf achten. Ferner empfiehlt Arrian an einer andern Stelle: Wenn der Hund den Hasen eingeholt hat oder sonst im Laufen Meister geworden ist, so soll man ihn unter Lobsprüchen abliebeln und freundlich über den Kopf streicheln und an den Ohren zupfen und ihm mit Namen zurufen: „Gut so, Kirra!" „Gut so Bonna!" „So recht Horme!" denn sie haben Freude an Lob, gerade wie unter den Menschen die edeldenkenden. — Haben sie dann, sagt Nemesian weiter, die Beute erhascht, so sollen sie dieselbe bloß würgen, nicht aber anschneiden. — Eine andere Art, den Hund zum Aufspüren abzurichten, gibt Oppian bei Erwähnung des englischen sogenannten Agassäischen Spürhundes. Der Jäger entfernt sich mit einem toten Hasen. Anfangs trägt er ihn in gerader Richtung neben dem Wege daher, dann geht er Feld einwärts in verschiedenen Richtungen nach rechts und links; endlich gräbt er den Hasen in die Erde ein. Dann kehrt er zurück und führt den Hund auf dem erwähnten Weg. Bald wird der Hund die Fährte aufnehmen, und sie mit ungestümem Eifer verfolgen, bis er vermöge seiner Witterung den verborgenen Hasen auffindet. Von demselben Hund rühmt Oppian auch, daß er es so meisterhaft versteht, das Lager des Wildes aufzuspüren, sich langsam demselben zu nähern und dann „wie ein Pfeil oder eine zischende Schlange, die ein unvorsichtiger Mäher oder Ackersmann aufgeschreckt hat", loszufahren. Und über den gelungenen Fang äußert er eine Freude, wie der Landmann, der unter großer Mühe die Ernte vom Felde glücklich in die Scheune gebracht hat:

„Wie bei der Ernte die Frucht von dem Felde geschnitten nach Hause bringt
„Schwer von des Weizens Last nach der Scheuer wankend der Wagen;
„Kaum nun erblickt ihn der Nachbarn Schaar, und schon eilen herbei sie:
„Vorn hinspringend stemmt sich der ein' an die Räder, der andre
„Hilft am Obergestell, an der Axe ein andrer den Rindern.
„Endlich haben erreicht sie den Hof und lösen die Deichsel.
„Los ihrer Plag nun schnaufen sie aus tief atmend die Rinder,
„Froh aber auch im Herzen sich fühlt der ermüdete Landmann:
„So nun naht sich der Hund, mit den Zähnen die Beute ihm bringend."

Die zur Hirschhetze bestimmten Hunde wurden, wie aus Hor. ep. I, 2, 66 zu entnehmen ist, im Zwinger an einem ausgestopften Hirsche (cervina pellis) eingehetzt.

Ueber die Arbeit des fermen Hundes entwirft Aelian (de nat. anim. VIII, 2) folgende Schilderung: Der Hund empfindet keine geringe Freude, wenn er Beute macht. Findet er zufällig einen verendeten Hasen oder Eber, so rührt er ihn nicht an. Denn nicht Fleisch ist es, wonach ihn gelüstet, sondern Sieg. An langer Leine angebunden geht er dem Jäger voraus und windet augenscheinlich traurig, so lange er auf keine Fährte kommt, den Jäger nach sich ziehend. Wenn er aber einmal die Fährte findet und ein Stück Wild wittert, steht er sofort. Er läßt nun den Jäger näher herankommen und schmeichelt ihm aus Freude über den nahen Erfolg. Dann nimmt er die Fährte wieder auf, geht langsam vor, bis er an das Lager kommt. Dann bleibt er fest stehen. Nun gibt der Jäger dem Gehilfen das übliche Zeichen, daß das Wild bestätigt*) sei. Diese aber stellen die Netze herum. Nun gibt der Hund laut, um das Wild aufzujagen, auf daß es in das Netz gehe; und ist der Fang gelungen, dann läßt der Hund gleichsam ein Siegesgeschrei erschallen und äußert eine Freude, wie die Soldaten, welche einen Feind bezwungen haben. Also verfahren die Hunde bei Sauen und Hirschen. —

Dieselbe Schilderung gibt Plinius (hist. nat. VIII, 147) in folgenden Worten: Scrutatur vestigia, atque persequitur, comitantem ad feram

---

*) Bestätigen heißt vermittelst des Leithundes bestimmen, wo das Wild steckt.

investigatorem loro trahens, qua visa quam silens et occulta, sed quam significans demonstratio est cauda primum, deinde rostro!

Diesem Bilde eines Musterhundes in „Kriegszeiten" mag noch das Bild eines solchen in „Friedenszeiten" folgen, welches Arrian von seinem eigenen Hunde gibt.

Derselbe sagt: Ich habe einen blauäugigen Hund aufgezogen, der nicht nur flüchtig, sondern auch ausdauernd, voll Feuer und gut auf den Füßen ist, so daß er einmal in seinen besten Jahren mit vier (!) Hasen auf einmal fertig wurde. Er ist sehr zutraulich und nie hat vordem ein anderer Hund sich so, wie dieser, anhänglich gezeigt, sowohl an mich selbst, als auch an meinen Freund und Jagdgenossen Megilus. Wenn ich zu Hause bin, so bleibt er mir beständig zur Seite; gehe ich aus, so begleitet er mich; kehre ich um, so läuft er voran, häufig sich umwendend, um sich zu vergewissern, daß er nicht etwa vom Wege ablenke. Sobald er sich überzeugt und freundliche Miene dazu gemacht hat, läuft er wieder voraus. Wenn ich aber irgendwo in dienstlichen Angelegenheiten zu thuen habe, so bleibt er bei meinem Freunde und benimmt sich bei diesem gerade so. Ist einer von uns beiden körperlich leidend, so geht er ihm gleichfalls nicht von der Seite. Sieht er einen selbst nach kurzer Zeit wieder, so hüpft er sachte an ihm hinauf, wie um ihn zu liebkosen, und zum Liebkosen gibt er laut, wie um seine Anhänglichkeit zu bezeigen; und wenn er bei Tische gegenwärtig ist, so zupft er bald mit dem einen, bald mit dem andern Lauf, um daran zu mahnen, daß ihm ja auch etwas von den Speisen zukommen müsse. Und weil er in seiner Jugend mit der Peitsche gezüchtigt wurde, so darf man auch jetzt nur das Wort Peitsche in den Mund nehmen, und er wird sich ducken und flehentlich blicken, bis man aufhört, ihm zu drohen. Der Hund heißt Horme, das flüchtigste, gescheiteste und frommste Tier.

Zum Ausführen der Hunde geeignete Zeit.

Was die mit Rücksicht auf die Hunde geeignetste Zeit zur Jagd betrifft, so stimmen Xenophon und Arrian darin überein, daß Frühjahr und Herbst dazu am besten sind; denn das seien die gefahrlosesten Zeiten für sie. Die große Hitze nämlich könnten sie nicht ertragen. Der Schnee aber brenne die Hunde in die Nase und verwische die

Witterung. Auch der hart gefrorene Schnee thue ihren Läufen weh. Auf dem Eise aber komme es vor, daß sie die Klauen verlieren und den unteren Teil der Läufe erfrieren; auch könnten sie auf dem Eise bei schonungslosem Laufe sogar die Knochen der Läufe brechen (?), während es dagegen dem Hasen wegen seiner haarigen und weicheren Läufe leicht sei, auf dem Eise sich zu bewegen.

Krankheiten.

Bezüglich der Krankheiten der Hunde und ihrer Heilung hatten die Alten folgende Ansichten: Drei Krankheiten sind es vornehmlich, von welchen die Hunde schwer heimgesucht und meist hingerafft werden: die Räude, die Bräune, die Wut. Es gibt zwar Mittel, mit denen das Uebel zu heben versucht wird; aber wenn dasselbe einmal feste Wurzel gefaßt hat, so ist es am besten, das Tier sofort zu töten, um weitere Verbreitung der Krankheit durch Ansteckung zu verhüten. Die Hauptaufgabe des aufmerksamen Jägers sei unter diesen Umständen darauf gerichtet, bei Zeiten die richtigen Präservativmittel gegen schwerere Erkrankung zu gebrauchen.

So schreibt Gratius vor, räudige Hunde sofort zu töten, um Ansteckung zu verhüten. Im übrigen werde durch eine gekochte Mischung von Erdharz und Wein, Pech und Oelschaum Linderung der Krankheit bewirkt. Ein ähnliches Mittel empfiehlt Vergil gegen die Räude der Schafe. Plinius empfiehlt als Heilmittel: frisches Ochsenblut; man bestreiche damit die kranke Stelle, und wenn das Blut getrocknet ist, noch einmal, und am folgenden Tage wasche man die Stelle mit Lauge ab. Columella empfiehlt Cederöl. —

Die Hundebräune. $\varkappa v \nu \acute{a} \gamma \chi \eta$, ist eine Entzündung der Atmungsorgane, wobei das kranke Tier die Zunge herausstreckt. Die Hunde werden dabei von Schlafsucht befallen und sind sonst matt und traurig. Ein Heilmittel dagegen gibt Gratius nicht an, sondern verweist auf die Hilfe der Diana, an die man sich unter Opfern und gewissen Ceremonien um Abhilfe wenden müsse. Ueberhaupt müsse die Hilfe der Götter, sagt derselbe in seinem frommgläubigen, aber keineswegs abergläubischen Sinne, da eintreten, wo menschliche Klugheit nicht Rat wisse.

Gegen die Wut helfen nach ihm teils natürliche, teils übernatürliche Mittel (Sympathie). Man hat. sagt er, besonders darauf zu sehen, dieser Krankheit vorzubeugen oder ihr wenigstens bei den ersten Anzeichen entgegenzutreten. An der Zungenwurzel der Hunde nämlich hält sich, kaum bemerkbar, der gefährliche Tollwurm. Wenn nun infolge Fieberhitze die Zunge des Hundes heiß wird, suche sich jener loszumachen und reizt dadurch den Hund auf unerträgliche Weise bis zur Wut. Man muß also schon dem jungen Hunde diesen Wurm ausschneiden und die Wunde mit Salz und Oel einreiben. (Salz war überhaupt als universales Heilmittel bei den Alten beliebt. Vergl. Aristot. h. n. 8, 10).

Plinius empfiehlt (wie Columella VII, 12, 14) als Vorbeugungsmittel gegen die Wut folgendes: Man nehme dem vierzig Tage alten Hunde die Spitze der Rute weg und ziehe dabei den Nerv mit aus, dann wächst weder die Rute nach, noch kann der Hund wütend werden. Als Sympathiemittel empfiehlt Gratius folgendes: Man nähe einen Büschel Hahnenfedern in ein Halsband aus Marderfell.*) Desgleichen empfiehlt er ein Halsband, in welches Feuersteine und der Venus geweihte Korallen und geweihte Kräuter eingenäht seien.

Nemesian will als Präservativmittel gegen die Räude angewendet wissen: eine Mischung von Essig und Oel; gegen die Wut aber, deren Ursachen die Einwirkungen der Sonne oder schädliche Ausdünstungen der Luft oder Mangel an Wasser seien, Bibergeil gekocht und umgerührt, bis es eine dünne Masse wird. Dazu gebe man Elfenbeinstaub, beides so lange verrührt, bis er sich verdichtet. Sodann gieße man etwas Milch darauf und flöße dem Hunde die Arznei durch einen Trichter ein. Daraufhin werde er wieder ruhig.

---

*) Dem Hahne wurden überhaupt günstige Einwirkungen bei verschiedenen Krankheiten zugeschrieben, wie man denn auch bei der Wiedergenesung dem Aeskulap einen Hahn opferte. Auch zur Abwendung von Krankheiten opferte man den Hausgöttern (vergl. Iuvenal sat. XIII, 232) einen Hahnenkamm.

Das Jagdpferd.

Des Jagdpferdes bediente man sich beim Verfolgen des aufgestoßenen Wildes: man löste die Hunde und setzte dem flüchtigen Tiere nach.

Nicht jede Rasse eignete sich zu diesem Geschäfte, sondern nur gewisse, so daß man, wie bei den Hunden, auch hier auf den Besitz bestimmter, als vorzüglich brauchbar erprobter Rassen von Jagdpferden bedacht war. Besondere Eigenschaften derselben waren Schnelligkeit, Kraft, Ausdauer, eine gewisse Ruhe und Lenksamkeit. Arrian rühmt vor allen die Scytischen und Illyrischen Pferde, welche zwar gegen die Thessalischen und Sicilischen unansehnlich erschienen, schmächtig und schäbig aussahen, aber beim Verfolgen des Wildes von unermüdlicher Ausdauer waren. Gratius erkennet den Sicilischen Pferden den Preis zu, die sich bei Jagden auf gebirgigem Terrain vorzüglich bewährten. Auch Kreuzungen von ausländischen und italienischen Rassen werden von ihm rühmlichst hervorgehoben. Nemesian lobt ganz besonders die Kappadocische Rasse und gibt mit deren Beschreibung zugleich das Ideal der Gestalt edler Jagdpferde.

„Sie sind hochgestellt, haben einen langen, nicht plumpen Körper, breiten Rücken, gebogenen Hals, länglichen, schönen Kopf mit feurigen Augen; sie sind sehr lebhaft; bewegen stets die Ohren, scharren und schnauben." Den Kappadocischen Pferden stellt er die Griechischen an die Seite. Diesen zunächst kommen die Spanischen: ebenso schön, feurig und ausdauernd, wie jene, wurden sie ohne Zügel geleitet. Nicht minder tüchtig waren die Mauretanischen und die der sonnenverbrannten Mazaken (in Afrika), besonders durch ihre Schnelligkeit und Ausdauer berühmt und ohne Zügel, bloß mit einer Gerte geleitet.

Oppian rühmt ebenfalls die Kappadocischen, Griechischen, Sicilischen, Maurischen und Mazakischen; ferner die Tyrrhennischen, Kretischen, Scytischen, Magnesischen, Thessalischen, Thracischen, Armenischen und Arabischen.

In Beschreibung der äußeren Kennzeichen guter Racepferde stimmt derselbe mit Nemesian überein und ergänzt sie noch durch die Anführung breiter Brust, fester Hüften, schlanker, dünner Beine, hoher Hufe. Wie Nemesian hebt auch er die Eigenschaft der Mauretanischen Pferde, sich ohne Zügel bloß durch Berührungen mit der Gerte leiten zu lassen, besonders hervor. Wegen dieser ihrer außerordentlichen Lenkbarkeit, sagt derselbe, pflegten die Mauretanier oft Hunde und Jagdapparate zurückzulassen und lediglich zu Pferde der Jagd obliegen.

Gleiches erzählt Xenophon an. I, 5 und nach ihm Arrian von den Lybischen. Schon achtjährige Knaben ritten in Lybien auf bloßen Pferden, indem sie sich statt des Zaumes nur einer Gerte bedienten, und machten auf die äußerst flüchtigen wilden Esel so lange Jagd, bis es ihnen gelang, dem Tiere eine Schlinge überzuwerfen und es so zu fangen.

Daß die Jagdpferde erst mit den Jahren ihre Schnelligkeit und Ausdauer erlangen, bemerkt Nemesian im allgemeinen. Oppian konstatirt dies ausdrücklich bei den Kappadocischen Pferden, welche anfangs sogar schwächlich erschienen, mit zunehmenden Jahren kräftiger und flinker würden.

Was die Farbe betrifft, so ist nach einer Andeutung Gratius' anzunehmen, daß man die dunklere Farbe für ein Kennzeichen der Tüchtigkeit hielt, während, wie auch aus Verg. G. III, 82 erhellt, die hellere Farbe bei den Pferden überhaupt nicht beliebt war.

V.
Jagdbetrieb.

In körperlicher Beziehung stellt Oppian an den Jäger folgende Anforderungen: Er soll ein kräftiger, gewandter Mann, weder zu korpulent, noch von schwächlichem Körperbau sein. Denn auf der Jagd heißt es oft, bald rasch auf's Pferd springen, bald über einen Graben setzen, bald auf gebirgigem Terrain dem Wilde nacheilen; das erfordert Beweglichkeit. Bald aber heißt es mit einem starken Tiere den Kampf aufnehmen, das erfordert Kraft. Nach zahlreichen Abbildungen ist zu entnehmen, daß die gewöhnliche Bekleidung in dem χιτών (tunica) bestand, einer Blouse oder einem Kittel mit kurzen Aermeln oder auch nur einem, den linken Aermel, während der rechte Arm (auch die rechte Brust) unbedeckt blieb. Reiter, aber auch Fußgänger, trugen die chlamys, ein mantelkragenartiges Kleidungsstück, in verschiedenen Arten umzuschlagen und bloß am Halse oder über der rechten Schulter geknüpft, bei rascher Bewegung frei flatternd und so den Körper unbedeckt lassend. — Der Kopf war entweder unbedeckt, oder mit einer Art Hut (galerus κυνέη) oder Mütze von Tierfell bedeckt; oder endlich mit dem petasus, einem niedrigen Hute mit breitem Rande, unter dem Kinne festgebunden. — Die Füße waren entweder unbedeckt, oder man trug Beinschienen (ocrea, κνημίς) aus Metall, besonders bei der Jagd auf Sauen. — Zu leichter ungehinderter Bewegung, sagt Oppian, trage der Jäger bloß den χιτών; den Ueberwurf lasse er bei Seite, denn derselbe, bei der Bewegung im Winde flatternd, macht das Wild rege. — Beim Verfolgen des Wildes auf der Fährte gehe er barfuß, um jedes Geräusch zu vermeiden. Xenophon gibt bezüglich der Kleidung einfach folgende Vorschrift: Der Jäger gehe auf die Jagd in bequemer, leichter Kleidung und Beschuhung, einen Stock in der Hand! — Akestes erscheint (Verg. Aen. V. 37) als Jäger:

Horridus in iaculis et pelle Libystidis ursae: mit Spießen ausgerüstet und einem Bärenfell bekleidet. — Im Gürtel stak das Weidmesser, in der Rechten trug man den Wurfspieß oder einen Jagdstock (pedum, κορύνη), mit der Linken führte man den Hund oder faßte man, zu Pferde jagend, den Zügel.

Jagdgehilfen.

Im Gefolge des Jagdherrn war zunächst der Jagdgehilfe (famulus, συνεργός) und bei größeren Jagden die Gehilfen (comites) und Treiber (subsessores), welche das Wild im Gehölze aufzuscheuchen hatten. Das Amt eines Jagdgehilfen war ein sehr wichtiges. Deshalb soll man, sagt Xenophon, hiezu einen jungen, kräftigen und ruhigen Menschen nehmen, der sein Geschäft mit Lust und Geschicklichkeit zu versehen im stande ist.

Er muß tüchtig sein in Bezug auf die Anfertigung der Jagdwerkzeuge, namentlich der Netze. Daher nennt er ihn geradezu ἀρκυωρός, Netzwart.

Er bestätigt das Wild und stellt vor Tagesanbruch die Netze auf. Er ist stets in der Nähe des Jagdherrn, führt die Hunde und hält die jedesmal weiter nötigen Geschoße bereit. Er ist kundig in der Aufzucht, Fütterung, Dressur und richtigen Führung der Hunde. Gratius betrachtet sein Amt ganz unter dem Gesichtspunkte militärischer Thätigkeit: er ist magister canum; seinem Winke hat die Schar der Streiter genau zu folgen (hunc spectet silvas domitura juventus = canes); er muß geschickt und gewandt sein im Gebrauche der Waffen (prudens et sumptis impiger armis); er muß verstehen, wie und wann man das Wild angreift (accessus et agendi tempora belli noverit), den Genossen im Gedränge des Kampfes beistehen (et socios tutabitur hoste minores), wenn sie (die Hunde) einem übermächtigen Feinde zu unterliegen drohen.

Nemesian teilt dem famulus mit den comites neben der regelrechten Anfertigung der verschiedenen Arten von Netzen die Pflege der Pferde zu.

Als die für die Jagd geeignetste Tageszeit bezeichnet Oppian den frühen Morgen im Frühjahre und im Herbste; die Mittagszeit im Winter; die Zeit der Morgendämmerung und des Sonnenunterganges im Sommer. Daraus ist ersichtlich, daß von einer gesetzlichen Schließung der Jagd keine Rede war, und es findet sich hievon auch nirgends eine Erwähnung. Eine Einschränkung der Jagdfreiheit konnten nur Billigkeitsrücksichten veranlassen, wie z. B. Xenophon V, 34 die Verwüstung von Aeckern oder die Verunehrung von heiligen Quellen oder Bächen bei Ausübung der Jagd als etwas Gemeines und Verwerfliches bezeichnet, das nur dazu angethan sei, dem Gesetze, welches unbeschränkte Jagdfreiheit gewähre, Gegner zu schaffen. Die ἀναγρία d. h. die Zeit, wo nicht gejagt werden dürfte, beschränkte sich nach Weiske's Vermutung nur auf die Feiertage.*) Nemesian schreibt vor 334 und 335):

> Venemur, dum mane novum, dum mollia prata
> Nocturnis calcata feris vestigia servant.

Die Römer liebten es besonders im Spätherbste und Winter zu jagen:

— cum tonantis annus hibernus Jovis
Imbres nivesque comparat. (Hor. ep. II, 29).
Cum nix alta iacet, glaciem cum flumina trudunt. (Verg. G. I, 310.)
— hiemis sub tempus aquosae
Incipe veloces catulos immittere pratis. (Nemes. 322.)
— cum December canus et bruma impotens
Aquilone rauco mugiet etc. (Mart. ep. I, 42.)

Gejagt wurde meistens in größerer Gesellschaft und oft mit großem Apparate.

Diana war bei ihren Jagdzügen von Nymphen begleitet. An der kalydonischen Jagd nahmen alle damals berühmten Helden Anteil. Dido veranstaltete (Aen. IV, 130 ff.) dem Aeneas zu Ehren ein großes Treibjagen. Bei Tagesanbruch harrt bereits die Jagdgesellschaft vor dem Palaste der Königin; die Diener halten die Pferde, Hunde, Netze bereit; das prächtig geschirrte und gezäumte Leibroß der Königin schäumt in die Zügel. Endlich erscheint diese an dem Thore. Der Zug setzt sich sofort in Bewegung; der Königin zur

---

*) Ich möchte freilich lieber unter ἀναγρία (Xen. V. 54 ὅταν ἀναγρία ἐμπίπτῃ) die Zeit verstehen, wo es nichts zu jagen gab. In solcher Zeit, rät Xenophon den Jägern, solle man sich auch anderer zur Jagd in Beziehung stehender Dinge enthalten, welche dazu geeignet seien, Schaden an Feldfrüchten anzurichten und dadurch der Jägerei Gegner zu schaffen.

Seite reitet Aeneas. Hinaus geht es zum waldigen Gebirge. Bald hat man die Höhen und die unwegsamen Bergpfade erreicht, und sofort beginnt die Jagd. Auf den Höhen wird es lebendig, wilde Ziegen flüchten herab; Rudeln von Hirschen brechen hervor und fliehen hin über die weite Ebene. Der junge Askanius hat sich im Thale aufgestellt und holt auf feuerigem Rosse bald dieses, bald jenes Stück Wild ein; doch freut ihn solch' wehrlose Beute nicht; ihn gelüstet es mehr, den Kampf mit einem schäumenden Eber oder einem Löwen aufzunehmen.

Eine Jagdgesellschaft stellten jene zwölf thebanische Jünglinge dar, welche sich von Athen bei Tagesanbruch aufmachten, um die Häupter der spartanischen Partei in Theben zu überfallen: Cum canibus venaticis exierunt retia ferentes vestitu agresti, quo minore suspicione facerent iter (Corn. Nep. Pelop. II). —

Mit großem Apparate, der beim Volke Aufsehen erregt, ausgerüstet zieht (Hor. epist. I, 6) die Jagdgesellschaft des Gargilius früh morgens über das Forum hinaus auf die Jagd, freilich um abends vor den Augen des Volkes mit einem erkauften Eber heimzukehren!

Cyrus veranstaltet (Xen. Cyr. II, 4, 20) ein Treibjagen: Eine Schaar zu Fuß und zu Pferde geht in aufgelöster Reihe vor, um das Wild aufzujagen; die Herren (ἄριστοι) haben zu Fuß und zu Pferde in Abständen Stellung genommen, nehmen das aufgestandene Wild auf und verfolgen es. Sie machen zahlreiche Beute an Sauen, Hirschen, Rehen, wilden Eseln.

Eine lebhafte Jagdscene, Aufbruch zur Jagd, ist es, mit welcher Senecas Tragödie Hipolyt beginnt. Die nötigen Befehle zur Eröffnung der Jagd erteilend, spricht Hippolyt:

"Auf! Umstellt die schattigen Wälder und die Höhen des Kekropischen Berges! Rasch mit beflügeltem Schritte durchsuchet den Fuß des felsigen Parnes und das Thriasische Thal, das der eilende Fluß mit reißender Welle bespült! Ersteiget die Gipfel, die immer erglänzen im Ripäischen Schnee! Ihr dahin! ihr dorthin, wo ein Wald von hohen Erlen sich erhebt! Dort, wo die Ebene sich ausdehnt, wo der taugetränkte Zephyr weht und kosend die Frühlingskinder hervorlockt! Dort, wo lieblich und sanft der Ilissus, gleich dem Mäander, trägen Laufes durch die Niederungen hingleitet und mit spärlichen Fluten den unfruchtbaren Sand bespült! Ihr dorthin, wo zur linken die Marathonische Ebene sich ausbreitet; wo gefolgt von der Schaar seiner Jungen zur Nachtzeit das Wild hervorkommt zur Aesung. Ihr dahin, wo vereint mit dem laulichen Südwind die Kälte mildert der starke Acharner! Andere sollen die Klippen des lieblichen Hymettus, andere die Hügel Aphidnäs ersteigen! Lange schon liegt jene Gegend unberührt von unseren Geschossen, wo dem gebogenen Gestade des Meeres der Sunion sich entgegendrängt. Wer Verlangen hat nach Ehre bei der Waldjagd, den ruft Phlyus: dort hauset der Schrecken der Bewohner, der von vielen Verwundungen her bekannte Eber.

Auf ihr! lockert die Leine den schweigenden Hunden; die hitzigen Molosser aber leget an Riemen, und die feuerigen Kreter haltet mit stärkeren Fesseln am geriebenen Halse!

Die Spartaner aber (kühn ist diese Art und hitzig auf's Wild) führet behutsam nach fest geschlungenen Knoten! Es nahet der Augenblick, wo der Felsen Wölbung widerhallt vom Gebelle; bald sollen sie, losgelassen, mit feiner Nase den Wind erfassen und mit gesenktem Kopfe die Fährten aufsuchen, so lange das Licht noch zögernd ist und so lange der taubedeckte Boden die Spuren des Wildes eingedrückt festhält.

Andere sollen schleunig der maschigen Netze Last auf die Schulter nehmen, andere die feingeschlungenen Fangstrike! Seile, mit buntem Gefieder geziert, mögen das Wild durch trügerische Furcht einschließen!

Du magst führen den Wurfspieß, du in der Rechten und Linken die schwere eichene Lanze mit der breiten Klinge! Du sollst, im Verstecke verborgen, mit Geschrei zur Flucht aufschrecken die Tiere; du nach errungenem Siege mit gekrümmtem Messer die Eingeweide lösen!

Wohlan, stehe du bei, göttliche Jungfrau, dem Gefährten, du, deren Herrschaft die einsamen Gegenden unterthan sind; von deren sicheren Geschossen das Wild getroffen sinkt, das aus den Fluten des kalten Araxes trinkt, und das am still ziehenden Ister spielt. Bald fühlt deines Armes Kraft Gätuliens Löwe oder der Kretische Hirsch bald erlegst du sonder Müh den schnellen Damhirsch.

Dir erliegen bunte Tiger, dir langhaarige Stiere, dir langgehörnte Auerochsen: was nur immer auf der Erde der Aesung nachgeht, sei es im armen Lande der Garamanten, sei es in dem reichen Arabien, oder auf den Höhen der wilden Pyrenäen, oder was sich birgt in Hyrkaniens Schluchten: alles fürchtet, Diana, deine Geschoße!

Wer in frommer Verehrung für dich zur Jagd im Walde sich rüstet, dem halten die Netze gefangen das Wild, nimmer zerreißen dem die Läufe des Tieres den Fangstrick! Heim zieht ihm die Beute der Wagen, seufzend unter seiner Last. Dann ist der Hunde Maul stark gerötet vom Schweiße des Wildes, und er kehrt heim, geleitet im Triumphe von der ländlichen Schaar!

Wohlan, Göttin, du schickest gute Vorzeichen! Schon geben laut die Hunde! Ich muß hinaus in die Wälder! — — —

Was nun die einzelnen Jagdmethoden betrifft, so berichten die Schriftsteller, was in den folgenden Capiteln geschrieben steht.

VI.
Jagd auf Hasen.

Der Hase war von jeher das verbreitetste Jagdtier, daher die Jagd auf Hasen die ergiebigste, θήρης ἐρίδωρος ὀπώρη (= warf den reichsten Lohn ab), wie Oppian sagt. Besonders zahlreich müssen sie nach Xenophon auf den Inseln gewesen sein, zumal auf den heiligen, z. B. auf Delos, wohin keine Hunde gebracht werden durften. Xenophon, Arrian, Oppian und Aelian wissen viel von ihren Gewohnheiten zu erzählen, wobei es nicht an manchen naiven Bemerkungen fehlt.

So schläft der Hase mit offenen Augen, weil er die Annäherung von Menschen fürchtet. Wenn er verfolgt seinen Feinden weit voraus ist, so setzt er sich aufrecht nieder und verlacht ihre vergebliche Plage. Wenn er nachts sein Lager verläßt, so zieht er weit fort, um sich dabei im Laufen zu üben.

Uebrigens zeigen besonders Xenophons Mitteilungen von einer sehr genauen und richtigen Beobachtung, und was er über ihre Lager (Saßen), Spuren, Absprünge zc. sagt, verrät den kundigen Weidmann. Er unterscheidet Berg- (oder Wald-), Sumpf- und Wechselhasen. Die ersten sind die flüchtigsten; die zweiten die schwerfälligsten; die dritten die listigsten und daher am schwersten zu fangen.

Nach Aelians Ansicht sind die Feldhasen flüchtiger als die Berghasen, da jene schlanker und leichter gebaut sind; diese dagegen kämen häufig von den Bergen auf die Ebene herab zu dem Zwecke, sich gemeinsam mit den Feldhasen im Laufen zu üben und zögen sich bei Annäherung der Hunde sofort in ihre gewohnten Berge zurück, wo ihnen Hunde und Pferde weniger leicht folgen können.

Arrian hält mit Xenophon die Feldhasen für die flüchtigsten, oder, wie er sagt, für die tüchtigsten. Aus Keckheit, sagt er, verschmähen sie verborgene Lager und fordern die Hunde geradezu heraus. Sie fliehen, wenn sie verfolgt werden, nicht in Schluchten und Gehölze, selbst wenn solche ganz nahe sind, so daß sie sich leicht der Gefahr entziehen könnten; mit Fleiß werfen sie sich ins offene Feld, um mit den Hunden zu wetteifern. Und wenn schwerfällige Hunde hinter ihnen her sind, so laufen sie in demselben Verhältnisse, wie sie verfolgt werden; wenn aber flüchtige Hunde sie verfolgen, laufen sie aus allen Kräften. Und erst dann, wenn ihnen der Hund auf den Leib rückt, machen sie denselben durch häufige Absprünge irre und wenden sich den Schluchten und Bergen zu, um sich zu retten. Das ist aber, setzt Arrian bei, als ein Beweis dafür zu erachten, daß der Hund dem Hasen überlegen ist.

Der Hase macht sein Lager in der Regel bei Kälte an warmen, bei Hitze an schattigen, im Frühjahr und Herbst an sonnigen Stellen. Wenn der Schnee vergangen, sucht er lieber bebaute Felder, auch Berge auf (Xenophon).

Ungünstige Oertlichkeiten, z. B. rauher, steiniger, aufsteigender und unebener Boden kommen mehr dem Hasen, als dem Hunde zu gute, da der Hase nicht nur leicht ist, sondern da auch seine Läufe, weil behaart, in rauhen Strichen nicht verletzt werden (Arrian). Daher soll man sie, sagt Oppian, von Straßen und Wegen möglichst wegtreiben, wo sie viel leichter laufen; auf den Feldern dagegen kommen sie im Sommer und im Winter, bald ermüdend, schwerer vorwärts. Auch suche man sie von der Anhöhe abwärts zu treiben; denn aufwärts entkommen sie, Dank ihren längeren Hinterläufen, schnell aus dem Gesichte der Hunde und Jäger.

Was nun die Jagd selbst betrifft, so unterschied man genau die Waldjagd und die Jagd auf freiem Felde. Bei der ersten näherte sich der Jäger mit dem Gehilfen stille dem Walde. Während nun letzterer die Fall- und Stellnetze fängisch stellte, ging der Jäger in den Wald und ließ einen fermen Spürhund los. Hatte dieser die Spur angefallen, so wurde ein weiterer oder mehrere Hunde losgelassen, welche ebenfalls die Spur aufnahmen und, am Lager des Hasen angekommen, auf diesen einsprangen und ihn dann unter Lautausgeben verfolgten, bis er in das Netz ging oder entkam.

Auf freiem Felde wurde auf den Spuren fortgesucht, bis die richtige ausgemacht war. Glaubte man nun, dem Lager ziemlich nahe zu sein, so hielt man inne, um den Hasen nicht rege zu machen.

Dann wurden die Stellnetze fängisch gestellt, und wenn sie gerichtet waren, wurden die Hunde losgelassen, um den Hasen in das Netz zu jagen. Kam der Jäger selbst nahe genug, so warf er mit dem Krummstock (pedum, κορύνη; λαγωβόλον, Theocr. IV, 49 und VII, 129) nach dem Hasen, um ihn zu töten. Dabei galt es jedoch für weidmännisch, nur den aufgestoßenen Hasen, nicht aber den noch im Lager befindlichen, zu erlegen. In diesem Sinne wendet Horaz ((sat. I. 2, 105) den Ausspruch Kallimachs (epigr. 33): "Immer treibt mich mein Verlangen) nach dem Fliehenden zu haschen; an dem Zunächstliegenden aber eilt es vorüber" auf den Jäger an, der den Hasen im Lager (positum unberührt läßt, um denselben in hohem Schnee zu verfolgen.

Die Celten betrieben, sagt Arrian, die Jagd so, daß sie früh morgens Leute aussendeten, um auszukundschaften, wo Hasen lagerten. Bei der Jagd nun löste man die Hunde, stieß die Tiere auf und folgte zu Pferde nach. Auch Martial (ep. I, 42) erwähnt die Verfolgung von Hasen mittels Pferde: Leporemque forti callidum rumpes equo. Oder es ging eine größere Anzahl Jäger, jeder einen Hund führend, in einer Linie auf freiem Felde vor; war ein Hase aus seinem Lager aufgestoßen, so wurde von dem Jäger, dem zunächst er aufgestanden war, der Hund losgelassen. — Auch so jagten die Kelten, daß sie Spürhunde und Hatzhunde führten. Jene suchten das Feld ab, diese stürzten sich auf den aufgestoßenen Hasen und pflegten ihn gewöhnlich zu fangen.

Daß sich zur Jagd auf Hasen der agassäische (englische) Spürhund und der tuscische Hund vorzüglich eigneten, ist bereits oben erwähnt worden. Vergil G. III, 410 bezeichnet den spartanischen und molossischen als tüchtig zur Verfolgung der Hasen. Den gallischen (keltischen) Hatzhund erwähnt Ovid, met. I, 533 ff., wo er die Verfolgung Daphnes durch Phoebus schildert (Daphne wurde schließlich von ihrem Vater Peneus in einen Lorbeerbaum verwandelt) wie folgt:

"Wie wenn der gallische Hund im freieren Felde den Hasen
"Sah, und jener um Raub sich beschleuniget, dieser um Rettung;
"Immer erscheint anhaftend der Hund; nun — nun zu erhaschen
"Hofft er und streifet die Spur mit weitvorragendem Maule;
"Jener dünkt sich beinah ein Gefangener, aber er reißt sich
"Selbst aus den Bissen hinweg und verläßt den berührenden Rachen."

Besonders tüchtig bei der Hasenjagd war, wie schon oben erwähnt, der Vertragus. Derselbe, „schneller als der Gedanke oder der schwirrende Pfeil" (Grat. 204), holte den Hasen leicht ein und apportierte ihn seinem Herrn, ohne ihn zuvor angeschnitten oder sonst wie verletzt zu haben. (Illaesum leporem, qui tibi dente feret; Martial 14, 200).

Uebrigens wurden die Hasen wegen ihres wohlschmeckenden Wildpretes auch in eigenen Tiergärten (leporaria, Varro r. r. 3, 12), nämlich in mit Mauern eingeschlossenen Grundstücken (iugera maceriis concludunt) gezüchtet.

VII.
Jagd auf Rotwild.

Der Hirsch (cervus; dama Damhirsch) levis Verg. E. I, 60, fugax Hor. oder IV. 6, 33 imbellis Verg. g. 3, 264 und Nemes. 51 (iners nach Verg. IV, 158) mit seinen ästigen Geweihen (cornua ramosa, arborea), der vermeintlich ein ungewöhnlich langes Lebensalter erreichte (vivax Verg. E. VII. 30, über 100 Jahre, Plinius VIII, 32, τετρακόρωνος, Oppian) war eine sehr häufig vorkommende Wildart, die sich gerne auf waldigem Gebirgsterrain aufhielt. (Verg. A. IV. 155. Grat. 528). Die Hirschjagd wurde eifrig betrieben. So führt uns z. B. Vergil an drei Stellen solche vor Augen: I, 184 ff.; VII, 483 ff.; XII, 749. Die Erlegung eines Hirsches rechnete sich der Jäger zur Ehre an, wie z. B. der junge Askanius (eximiae laudis succensus amore Verg. Aen. VII, 496).

Von seinen Eigentümlichkeiten wissen Oppian, Plinius und Aelian Merkwürdiges zu erzählen. So gibt Plinius zu dem Umstande, daß der Hirsch jährlich sein Gehörn abwirft und zwar an Stellen, wo es selten mehr aufgefunden wird, im 8. Buche n h. folgende Erklärungen: Wenn er sein Geweih abwirft, (amittit), so zieht er sich in die tiefste Verborgenheit zurück, weil er sich wehrlos fühlt. Aber auch aus einem anderen Grunde: aus Neid gegen die Menschen! Er weiß nämlich, daß der rechten Stange seines Geweihes eine wunderbare Heilkraft innewohnt; deshalb verscharrt er sie in die Erde, damit sie die Menschen nicht finden. Auch nach Oppian verscharren die Hirsche die abgeworfenen Geweihe (πεσόντα) deswegen, damit sie niemand findet: dann aber verbergen sie sich aus Scham, indem sie ihres stolzen Schmuckes beraubt, sich nicht mehr sehen lassen mögen.

Die gleiche Absicht schreibt Aelian nat. an. III, 17 dem Hirsche zu. Wie Plinius läßt auch er ihn die rechte Stange, welche eine mannigfaltige Heilkraft besitze, aus Neid verscharren: φθόνῳ τοῦ τοσοῦτον ἀπολαῦσαι. VI, 5 erklärt er den Umstand, daß sich derselbe verborgen hält, aus dem nämlichen Grunde wie Plinius, nämlich aus dem Gefühle seiner Wehrlosigkeit (ἀφῃρῆσθαι τὴν ἀλκήν), und reiht daran die weitere Ansicht, er thue dieses, weil er befürchtet, es möchten die heißen Sonnenstrahlen, bevor er wieder aufgesetzt hat (πρὶν ἢ παγῆναι καὶ καλουμένους χόνδρους (Kolben) λαβεῖν) das noch weiche Gehörn (σάρκα) faulen machen.

Nach Plinius und Oppian schwimmen sie häufig über das Meer — hoc maxime notatur a Cilicia Cyprum traicientibus, Plin. — wobei einer die Führung übernimmt und der jedesmal folgende seinen Grind auf den Rücken des vorhergehenden legt. Die dadurch sich ergebende Erscheinung der aus den Fluten hervorragenden Geweihe vergleicht Oppian mit den Segeln einer schwimmenden Flotte.

Nach letzterem leben Hirsche und Schlangen in tötlicher Feindschaft. Jener sucht diese sogar in ihren Schlupfwinkeln auf, zwingt sie zum Kampfe, und wenn sie sich um seine Läufe und seinen Leib geschlungen, so zermalmt er sie mit seinen Zähnen oder reißt sie in Stücke. Vor den Folgen ihrer Bisse aber wahrt er sich durch ein besonderes Heilmittel (θεόθεν τόπερ ἔλλαχε δῶρον!), indem er in einem verborgenen Bache eine Art Krebse (καρκινάδες) zu suchen weiß und sie verzehrt.

Plinius, den Oppian hier wohl vor Augen gehabt haben mag, erwähnt gleichfalls des Kampfes zwischen Hirsch und Schlangen.

Wenn die Hunde den Hirsch in die Enge treiben, so nimmt er seine Zuflucht zu den Menschen (Plinius). Aelian weiß auch von weiblichen Hirschen mit Geweihen*) zu erzählen (VII, 39), eine Behauptung, für deren Richtigkeit er sich auf die Zeugnisse berühmter Dichter, wie Anacreon, Pindar, Sophokles, Euripides und Aristophanes aus Byzanz beruft. —

Was nun die Jagd auf Rotwild betrifft, so wurde dasselbe teils in Netzen gefangen (retia ponere cervis Verg. G. I, 307., casses id. g. III, 371 plagae, Hor. carm. III. 5, 32 und Ov. a. a. III, 428), teils mit

---

*) Es kommen übrigens solche, wenn auch äußerst selten, vor.

Pfeil (Verg. A. VII, 499) oder Speer (Xen. 10, 20) erlegt, teils mit Hunden (Verg. III, 40) oder Jagdpferden (Grat. 524) gehetzt, teils mit der Schleuder niedergestreckt (funda figere damas, Verg. g. I, 308).

Von Hunden eigneten sich nach Xenophon IX, die starken flüchtigen Tuscischen und nach Vergil (g. III, 410) besonders die Molossischen und Spartanischen wegen ihrer Flüchtigkeit und Ausdauer zur Hirschjagd auf gebirgigem Terrain.

Zu Pferde wurde nach Arrian die Hirschjagd in Mysien, bei den Geten, Scythen und Illyriern betrieben und zwar mit Scythischen und Illyrischen Pferden, welche, wie schon bemerkt, von unansehnlichem Aeußern, aber von ungeheuerer Ausdauer waren. Sie setzten dem flüchtigen Tiere so lange nach, bis es abgemattet und lechzend stille stand und dann mit dem Wurfspieße erlegt oder in einer Schlinge lebend abgeführt wurde. Auch in Sicilien gab es nach Gratius vorzügliche Pferde, mit welchen auf dem dortigen Gebirge, von seinem Reichtum an Hirschen Nebroden genannt, auf dieses Wild Jagd gemacht wurde.

Eine genaue Darstellung der Jagd auf Rotwild gibt Xenophon Cap. IX. Für die Hirschkühe und Hirschkälber, sagt er, muß man indische Hunde haben; denn diese sind groß, stark, flüchtig, mutig und ausdauernd. Die neugesetzten Kälber fange man sofort im Frühjahr und zwar auf grasreichen Wiesen, wohin die Alten bei Tagesanbruch mit den Jungen sich niederthuen. Man nähere sich dem Lager mit dem Wurfspieße und löse den Hund. Dieser wird das Junge rasch fangen. Auf dessen Geschrei kehrt die flüchtige Alte um, Hilfe zu bringen und sogar auf den Jäger loszugehen. Nun ist sie mit dem Wurfspieße und unter Beihilfe des Hundes zu erlegen.

Schon stärkere Kälber äsen mit den Müttern und anderen Hirschen. Bei Annäherung des Jägens gehen sie mit den anderen flüchtig, meist in der Mitte, zuweilen vorne, selten hinten im Rudel. Die Tiere aber wehren sich für sie und treten die Hunde nieder. Man muß sie daher rasch angreifen und sprengen, so daß sie von einander getrennt werden. Anfangs werden die nachgehetzten Hunde zurückbleiben; aber endlich werden die Kälber, längerer Anstrengung noch nicht fähig, ermüden und den Hunden erlegen.

Auch mit Fußschlingen, sagt Xenophon, werden Hirsche auf Bergen, Wiesen, an Gewässern, in Thälern, an den Wechseln und auch auf freiem Felde gefangen. Fand der Jäger Flechtwerk und Kranz herausgerissen, so löste er die Hunde und folgte auf der Spur des geschleiften Pflockes, die natürlich leicht zu verfolgen war. Hatte sich der Hirsch an einem Vorderlaufe gefangen, so war er rasch eingeholt, da der Pflock beim Flüchten gegen den ganzen Körper und in's Gesicht schlug; hatte er sich an einem Hinterlaufe gefangen, so war der nachgeschleppte Pflock dem ganzen Körper hinderlich und oft verhing sich das Tier im Gehölze oder in einer Felsspalte, ohne mehr entrinnen zu können, wenn nicht etwa der Strick riß.

Das eingeholte Tier wurde mit dem Jagdspieße erlegt und zwar, wie Xenophon ausdrücklich beifügt, aus der Ferne, da der Hirsch in seiner Wut mit Gehörn und Läufen hauend, jede Annäherung gefährlich machte.

Auf der Hatz, erzählt Xenophon weiter, werden sie oft zur Sommerzeit gefangen; denn sie ermatten gewaltig, so daß sie stehen bleiben und mit dem Wurfspieße erlegt werden. Sie springen auch, wenn sie getrieben werden, in's Wasser, falls sie keinen anderen Ausweg haben. Zuweilen fallen sie, weil ihnen der Atem ausgeht.

Diese Bemerkung erinnert an Oppians Anweisung, man lasse die Damhirsche auf der Hatz womöglich keinen Augenblick zur Ruhe kommen, damit sie nicht stille stehend Zeit finden, zu nässen. Denn mehr, als dies bei anderen Tieren der Fall sei, schwelle denselben während der Flucht die Blase auf, so daß sie infolge der dadurch verursachten Beschwerden matt werden. Können sie aber einen Augenblick ausschnaufen, so flüchten sie erleichtert mit doppelter Schnelligkeit weiter.

In ähnlicher Weise erklärt Plinius das häufige Stehenbleiben der Hirsche auf der Flucht und das Umsehen nach den Verfolgern daraus, daß sie Schmerzen in den Eingeweiden fühlen, welche so schwach seien, daß sie von einem leichten Stoße inwendig platzen.

Bei Vergil Aen. XII, 749 ff. hat ein Jäger den Hirsch in die Enge getrieben, indem diesem auf der einen Seite durch einen Fluß mit hohem Ufer der Ausweg versperrt wird, während er auf der andern Seite durch Blendzeug erschreckt zurückprallt; hinter ihm drein ist der feurige umbrische Hatzhund, der ihn mit den Zähnen packt und erwürgt.

Mit Pfeilen erlegt Aeneas (Vergil Aen. I, 184 ff.) sieben (!) Hirsche.

In einer von menschlichem Fuße noch nie betretenen Gegend am Meere bemerkte er auf einem Streifzuge plötzlich drei Hirsche am Gestade des Meeres ziehen (errare). Diesen folgt ein ganzes Rudel nach und äst (pascitur) in einer langen Reihe. Sofort läßt sich Aeneas von seinem Begleiter Achates Bogen und Pfeile geben, pirscht das Wild an und erlegt zuvor die drei Leittiere (ductoros ipsos), welche hohe Geweihe (cornua arborea) tragen. Dann erlegt er noch weitere vier Stück aus dem Rudel (vulgus), bis dieses in das nahe Dickicht flüchtig geht. Die erlegten sieben Stücke waren starke Tiere (ingentia corpora), wahre Prachtexemplare!

Von weidmännischem Standpunkte aus ist bei dieser Stelle zu einer Bemerkung Anlaß gegeben. Nach der allgemeinen Beobachtung halten sich bei ein und demselben Rudel während der Brunftzeit nicht mehrere starke (männliche) Hirsche neben einander auf; der stärkere verdrängt den schwächeren, wobei es oft die hitzigsten Kämpfe absetzt. Nach der Brunftzeit aber ziehen sich die starken Hirsche überhaupt vom Rudel zurück und leben ferne von demselben. Wenn ferner das Rudel auf Aesung auszieht, so übernimmt regelmäßig ein (weibliches) Alttier die Führung, sorgfältig und mißtrauisch sichernd, ob keine Gefahr droht. Ihm schließt sich das Rudel in langem Zuge an, wobei die darunter befindlichen (schwächeren) männlichen Hirsche den Schluß bilden. Wenn nun der Dichter, dem diese Gewohnheit des Rotwildes wohl nicht unbekannt war, dennoch in Widerspruch mit der gewöhnlichen Erfahrung m e h r e r e s t a r k e Hirsche beim Rudel sein läßt und dieselben auch als Leittiere darstellt, so haben ihn jedenfalls p o e t i s c h e Motive dazu bestimmt. Durch die Anwesenheit der stattlichen Kapitalhirsche gestaltete sich der Anblick des äsenden Rudels interessanter, wie denn dem Dichter offenbar darum zu thuen war, daß der Held der Dichtung nicht bloß reiche, sondern auch stolze Beute heimbringe. Es erinnert übrigens diese Darstellung an eine Stelle bei Homer (Odyss. 10, 153—171), welche dem Dichter hier vorgeschwebt haben dürfte. Odysseus streift am Meeresufer umher; da kommt ihm ein Hirsch in den Weg, ein Kapitalhirsch (μάλα μέγα θηρίον), ein seltenes Exemplar (δεινὸν πέλωρον) mit hohem Geweih (ὑψίκερων). Odysseus erlegt ihn mit dem Wurfspieß durch einen Schuß in den Rückgrat, bindet ihm dann die Läufe zusammen, legt ihn quer über den Nacken und trägt ihn heim, wobei freilich die Last so sehr auf seine Schultern drückt, daß er beim Gehen sich auf den Spieß stützen muß. Ein Held, wie Odysseus, mußte wohl auch die Kraft haben, ein so gewaltiges Stück Wild fortzutragen! —

Verg. A. VII, 493 ff. pirscht der junge Askanius auf der Jagd einen eben suhlenden (fluvio secundo defluentem) und sich dann auf dem Ufer abkühlenden Hirsch und schießt ihn mit dem Pfeile weidwund (per uterum perque ilia venit arundo). —

Ein lebendiges Bild einer Hetzjagd auf Hirsche entwirft Ovid, wo er schildert, wie Aktäon, eben auf der Jagd auf Hochwild begriffen, von der erzürnten Diana in einen Hirsch verwandelt und von seiner eigenen Meute zerrissen wird. (met. III, 206 ff.)

„Ihn, den zweifelnden, schauten die Hund' und der erste, Melampus,
„Gab mit dem Spürer Ichnobates gleich laut bellend das Zeichen.
„Gnosier war von Geburt Ichnobates, Sparter Melampus.
„Alle nun kamen daher wie die stürmenden Winde geflogen:
„Pamphagus, Dorkeus auch und Oribasus, alle Arkader;
„Auch des Nebrophonos Kraft und der trotzige Theron mit Lailaps;
„Pterelas, hurtig zu Fuß, und Agre mit witternder Schnauze;
„Und Hyläus, den jüngst ein rasender Eber verwundet;
„Nape, gezeugt vom Samen des Wolfs, und der Herde Gesellin
„Pömenis, auch Harpya, von Zwillingssöhnen begleitet;
„Und mit schmächtiger Weiche der Sikyonier Ladon;
„Dromas und Stikte zugleich und Kanache, Tigris und Alke;
„Leukon mit weißlichen Zotten und Asbolus, wallend mit schwarzen,
„Und der gewaltige Lakon und tapferen Laufes Aello.
„Thous zugleich und rasch mit dem cyprischen Bruder Lyciska
„Und an der dunkeln Stirne mit schneeiger Blesse gezeichnet
„Harpalus, Melaneus auch und die rauhgezottelte Lachne;
„Auch von diktäischem Vater gezeugt und lakonischer Mutter
„Labros, Agriodes auch, und mit gellender Stimme Hylaktor,
„Und die zu nennen verdreußt. Sie all' in Begierde des Raubes
„Eilen durch Fels und Geklipp und des Zugangs mangelnde Zacken,

„Schwierige Bahnen sowohl, als Ungebahntes durchstürmend.
„Jener entflieht durch Oerter, wo oft zu verfolgen er pflegte.
„Ach, selbst flieht er das eigene Gesind! Ausrufen nur wollt er:
„Schonet, ich bin Aktäon! Erkennet ihr euren Herrn nicht?
„Worte gebrachen dem Geist. Es erschallt vom Gebelle der Aether.
„Melanchätes zuerst verwundete jenem den Rücken,
„Nächst ihm Theridamas auch; Oresitrophos packte den Bug an.
„Später liefen sie aus; doch den Richtsteig wählend des Berges
„Kamen im Lauf sie zuvor, da den Herrn aufhielten die andern,
„Ringsher strömt das Gewühl und dränget die Zähn' in die
Glieder.
„Und schon fehlt zu Wunden der Ort. Tief seufzt er (— u. s. w.)
(Voß.)

Die Jagd auf Rehwild

findet bei keinem der Jagdschriftsteller eine besondere Erwähnung. Rehe fanden sich allerdings vor, aber doch nicht in einer Anzahl, daß von einem Rehstand (in weidmännischem Sinne genommen) die Rede sein konnte. Im Verhältnis zu den andern Wildarten waren sie in geringer Anzahl vertreten. Das ist aber auch wohl erklärlich. Da wo Rot-, Schwarz- und Raubwild hauste, konnte das Rehwild nicht aufkommen. Das eine verdrängt es, das andere verfolgt es und rafft es hinweg. Auf die Verfolgungen des Wolfes, der ihm besonders gefährlich gewesen zu sein scheint, deutet Horaz carm. I, 33, 7—9 hin, wenn er singt:

Prius Apulis
Jungentur capreae lupis
Quam lurpi Pholoë peccet adultero.

Aengstlich ermattet es bald vor dem nachsetzenden Feinde; in diesem Sinne schilt Agamemnon (Homer Λ 243) die Achäer, welche schlaff und ermüdet dastehen, νεβροί. — Die Troer fliehen vor Achilles, wie νεβροί X. I. φ, 487.

Kaum ist aber auch ein Tier bei der Abwehr gegen seine Feinde unbehilflicher, als das Reh. Wie setzen schon Füchse den jungen Rehen zu! Die Alte sucht zwar ihre Jungen zu verteidigen, indem sie mit den Vorderläufen schnellt; aber es gelingt dem schlauen

Reinecke nur zu leicht, sie in ihrer Aengstlichkeit zu verwirren und der wehrlosen Beute habhaft zu werden. Die Hirschkuh dagegen wehrt sich mit Kraft und setzt den Angriffen des Räubers kräftige Schläge entgegen. Dazu kommt, daß das Hirschkalb schon von Anfang an viel kräftiger und entwickelter ist, als das zarte und schwächliche Rehkitz.

VIII.
Jagd auf Schwarzwild.

Der Schwarzwildstand war sowohl in Griechenland und Mazedonien, als auch besonders in Italien ein äußerst günstiger. In ausgedehnten Waldungen und sumpfigen Gegenden fand dort das Schwarzwild die seinem Aufenthalte zusagenden Verhältnisse in genügendem Maße: in Italien war es besonders das waldige Lukanien, das Gebiet der Marser in den Abruzzen, die Gegend von Laurentum, Umbrien, Tuscien und das Land der Sabeller (Aper Lucanus, Marsus, Laurens, Umber, Tuscus, sus Sabellus), wo es in größerer Menge vorkam.*) Die Jagd auf Wildschweine erforderte Mut und Kraft; denn sie war wegen der Bösartigkeit dieser Tiere mit vielen Gefahren verbunden.

Xenophon und Oppian erzählen sogar, daß das Wildschwein in seinem Gewehre eine sengende Hitze habe. Die Hauer des gereizten Ebers seien glühend, was daraus ersichtlich sei, daß den Hunden bei einem Fehlschlagen gegen ihren Körper die Spitzen des Haares versengt würden. Haare, auf den Hauer eines eben verendeten Ebers gelegt, kräuselten sich noch. — Auch Ovid gibt diesem Glauben Ausdruck, wenn er (metam. VIII, 289) vom kalydonischen Eber singt: Fulmen ab ore venit; frondes afflatibus ardent. — Ein Wildschwein zu erlegen galt immerhin als ein Bravourstück. Bei den Mazedoniern durfte, wie oben schon erwähnt, niemand an den gemeinsamen Mahlzeiten teilnehmen, wenn er nicht einen Eber auf freiem Felde erlegt hatte. Auch bei uns galt es in früheren Zeiten als ein gefährliches Unternehmen, den Kampf mit einem gereizten Eber aufzunehmen. „Es war," sagt Oskar Horn in seinem Jagdsport, „kein so

---

*) S. Lauchert, das Weidwerk der Römer.

Geringes, die Feder*) in der Hand, dem Hauptschwein entgegenzutreten, das mit scharfen Waffen eben den stärksten Rüden zu Tode geschlagen hatte, und nun in wilder Wut, schweißigen Schaum vor dem Gebreche, die Gewehre wetzt gegen den langsam und sicher herantretenden Jäger. Es galt doch etwas einzusetzen bei solcher Jagd!—"

Die berühmtesten Helden der Vorzeit hatten sich im Kampfe mit diesem gefährlichen Tiere hervorgethan und sich dadurch Ruhm und Verdienste um die Mitwelt erworben.

Herkules bezwang den Erymantischen Eber. Atalanta lehrte die Erlegung des Ebers mit dem Pfeile und erhielt davon den Beinamen συήβολος (Oppian II, 27). Berühmt ist die kalydonische Jagd, an welcher die ersten Helden der damaligen Zeit teilnahmen, um den von Diana in die Gefilde des Oineus gesendeten Eber zu erlegen. Meleager, der Haupthelt der kalydonischen Jagd, war so glücklich, den von Atalanta zuerst am Rücken und vom Amphiaraus am Auge verwundeten Eber durch einen Speerwurf in die Weichen zu töten. Ovidius schildert diese Jagd in den lebhaftesten Bildern (met. VIII, 280 ff.):

Der Eber war ein gräuliches Ungetüm:

„Feuer und Blut entfunkelt dem Blick, rauh starret der Nacken;
„Aufrecht stehn wie ein Wall, wie ragende Schafte, die Borsten.
„Siedend mit heißerem Zischen herab um die Räume des Buges
„Strömet der Schaum, und es drohen, wie indische Zähne,**) die
                  Hauer.
„Blitz ist der Odem des Munds; es entbrennet das Laub von
               dem Anhauch.
„Bald im Kraute zerstampft er das jugendlich grünende Saatfeld;
„Bald die gereiften Gelübde des trostlos weinenden Landmanns
„Mäht er, und rafft in der Aehre die Nahrungen. Siehe, die
               Tenne
„Harret umsonst und umsonst der verheißenen Ernte der Speicher.
„Rebengerank sinkt nieder, umhängt von lastenden Trauben,
„Nieder die Beer' an den Aesten des immer sprossenden Oelbaums.
„Gegen die Schaf' auch tobt er, und weder ihr Hirt, noch die
               Hunde

---

*) Schweinsfeder, Eisen zum Abfangen.
**) Elefantenzähne.

„Schützen sie, oder die Rinder der Trotz unbändiger Stiere.
„Ringsher flüchtet das Volk, und allein in ummauerten Städten
„Wähnen sie sicher zu sein, bis zuletzt Meleagros mit edler
„Jünglinge Schaar sich gesellt, mutvoll mit Begierde des Ruhmes.

Nach Aufzählung der Helden, die auf Meleagers Einladung zur Jagd erschienen waren, fährt Ovid also fort:

„Ein hochstämmiger Wald, wo kein Zeitalter gehauen,
„Steigt von dem Blachfeld auf und schaut in geneigete Felder.
„Hieher zogen die Männer zur Jagd; teils spannen sie Netze,
„Teils entkoppeln sie Hund und teils dem getretenen Fußtritt
„Spüren sie nach und verlangen sich Kampf und Gefahr zu erspähen.
„Tief war gehöhlet ein Thal, wo hinab sich pflegte zu senken
„Strömender Regenerguß; es beherrscht die morastigen Gründe
„Zähe Weid' und kolbiges Schilf und die Buche des Sumpfes.
„Schwankes Gesproß und bei schmächtigem Wind hochschaftige Rohre;
„Dorther schwingt sich der Eber voll Wut in die Mitte der Feinde,
„Ungestüm, wie der Strahl aus prallenden Wolken hervorzuckt.
„Unter dem Ablauf stürzt das Gehölz, und geschmetterte Waldung
„Kracht; die Jünglinge schrein laut auf und strecken mit tapfrer
„Rechten Geschoße voraus, woran breit schimmert das Eisen.
„Fürchterlich rennt es daher und zersprengt die Hunde, wo bellend
„Einer ihn hemmt, und verscheucht sie mit seitwärts mähenden Hauern.

Nun entbrannte der Kampf, bei welchem mancher Wurf sein Ziel verfehlt, mancher Held arg in's Gedräng kommt.

„Bald auch wäre der pylische Held vor Jlions Zeiten
„Weggeblüht; doch empor an gestemmter Lanze sich schwingend
„Klettert er auf das Gezweige des nächst ihm stehenden Baumes,
„Wo er aus sicherer Höh' auf den Feind, der ihn schreckte, hinabsah —

Mancher Held büßte seine Kühnheit mit dem Leben:
„Mäht in die Weiche des Bauchs ihm die Zwillingshauer das Untier" —
bis Meleager, nachdem er einmal gefehlt, den glücklichen Wurf that.

„Und den begegnenden Bug durchstößt er mit schimmerndem Jagdspieß."

Homer behandelt in seinen Gleichnissen den Eber nächst dem
Löwen mit besonderer Vorliebe. Er stellt ihn dar, wie er durch ge-
legentliche Wendung die verfolgenden Jäger und Hunde zurückscheucht,
aus dem Dickicht hervorbricht, das Gesträuch zerknackend und die
Hauer wetzend, gleich dem Getön des anprallenden Erzes, oder mit
funkelnden Augen und gesträubten Borsten dem Jäger entgegen-
tretend.*) So z. B. Odyss. 19, 435—455, wo der noch junge Odysseus
von den Söhnen des Autolykus zur Jagd geladen einen starken Eber
erlegt, nachdem er von ihm zuvor am Kniee gehauen worden. Diomedes und Odysseus werden dargestellt wie Eber unter den Hunden
Λ 325. — Die beiden Lapithen fallen aus der Mauer aus, wie der
aus dem Dickichte vorbrechende Eber. M 146. —

Idomeneus bricht gegen Aeneas vor, wie der Eber mit gesträub-
ten Borsten und funkelnden Augen gegen die Jäger und Hunde.
N 471. — Ajas zerstreut die Troer, wie der Eber die Hunde.
P 281, 725.

Den herrlichen Hebrus feiert Horaz (carm. III, 12) als tapferen
Helden, der es verstand, mit großer Gewandtheit den Kampf mit dem
aus dem Dickichte hervorbrechenden Eber aufzunehmen.

Von den uns erhaltenen antiken Abbildungen von Jagdscenen
bemerkt man vorzugsweise solche, die sich auf die Eberjagd beziehen.

Der Sophist und Schriftsteller Flavius Philostratus senior (in der
2. Hälfte des 2. Jahrhunderts n. Chr.) beschreibt (Εἰκόνες I, 28) ein
angebliches Gemälde der Pinakothek zu Neapolis, eine Eberjagd vor-
stellend, wie folgt: Eine Jagdgesellschaft ist zu Pferde zur Eberjagd
ausgezogen. Maultiere folgen mit Lauffänger, Netz (ἄρκυς), Jagd-
spießen (προβόλια), Wurfspießen (ἀκόντια) und Fangeisen (λόχη).
Sklaven (κυναγωγοί) führen die Hunde, nicht bloß flinke und fein-
nasige, sondern auch von edler Rasse (γενναῖοι) und starke: Lokrische,
Lakänische, Indische, Kretische; andere Sklaven folgen als Späher
(σκοπιωροί.)

Das Tier brach aus dem Dickicht und fiel die Rester an; an der
Seite leicht verwundet, flüchtete es zurück und birgt sich nun im

---
*) Vergleiche Dr. Fromann, hom. Gleichnisse.

Sumpfe. Die Jagd folgt mit lautem Geschrei; einer rückt ihm mit den Hunden im Sumpfe zu Leibe. Es haut wütend nach dem Pferde. Der Reiter aber schleudert mit voller Wucht (τῇ χειρὶ πάσῃ) das Geschoß und trifft das Tier auf's Blatt. Nun treiben es die Hunde ans Land. Die Jagdgesellschaft schreit aus Leibeskräften (οἷον φιλοτιμούμενοι πρὸς ἀλλήλους, ὅστις ὑπερκεκράξεται τὸν πέλας).

Was nun die Jagd auf Wildschweine betrifft, so galten nach Xenophon besonders die Indischen, Kretischen, Lokrischen und Lakonischen Hunde als die dafür geeignetsten Hatzhunde. Gefangen wurden jene in Netzen (zu deren Anfertigung Plinius besonders den cumanischen Lein empfiehlt), wie der Marsische Eber bei Hor. carm. I, 1, 28 (teretes plagae) und epod. II, 31 (obstantes plagae), nachdem er aus seinem Lager (latitantem frutice, Hor. c. III, 12, 12; latebrae, Ovid. met. 10, 710) herausgehetzt war.

Ebenso wurden sie mit Fußfallen gefangen, welche gleich denen für Hirsche angerichtet waren. (Xen. c. X.) Die Erlegung des Tieres geschah mit einem Wurfspieße oder dem Fangeisen, der sogenannten Schweinsfeder.

Xenophon erteilt für die Jagd auf Schwarzwild folgende ausführliche Anweisung: Zunächst gilt es, sobald die Jäger in der Gegend angekommen sind, wo sie das Wild vermuten, abzuspüren. Dazu lösen sie einen der Jagdhunde und gehen, während sie die übrigen angekoppelt halten, mit ihm umher. Hat er die Fährte desselben angefallen, so folge die Jagdgesellschaft unmittelbar der leitenden Spürung (dem Saufinden). Es wird indes auch für die Jäger der sicheren Anzeichen desselben manche geben, auf weichem Boden die Fährten, in Dickichten abgebrochene Zweige, und wo Bäume sind, Schläge der Gewehre. Der Hund aber wird in der Regel auf der Fährte zu einer Dickung kommen: denn in solchen steckt das Tier gewöhnlich: im Winter sind sie nämlich warm, im Sommer kühl. Sobald er vor dem Kessel ankommt, gibt er laut; das Tier steht aber in der Regel nicht auf. Man muß nun den Hund nehmen und ihn samt den andern weit weg vom Lager anbinden und die Fallnetze an den Wechseln richten, indem man die Maschen auf gabelförmige Fangstangen aus grünem Holze hebt: am Netze selbst aber muß man einen weit vorgehenden Busen herrichten und denselben innen auf beiden Seiten durch Aestchen als Sprießen unterstützen, damit die Lichtstrahlen so gut als möglich

in den Bufen fallen können, und so das Innere dem anrennenden
Tiere möglichst hell erscheine. Auch muß man die Leine an einem
starken Baum anlegen und nicht an Buschwerk. Sobald die Netze
gestellt sind, müssen die Jäger nach den Hunden gehen und sie alle
lösen, und sich, mit den Wurfspießen und Fangeisen in der Hand,
vorwärts in Bewegung setzen. Den Hunden zusprechen soll nur
einer, der Erfahrenste; die andern müssen in aller Stille folgen und
große Zwischenräume zwischen sich lassen, damit für das Tier gehörig
Platz zum Durchbrechen bleibe. Denn wenn dasselbe beim Zurück-
gehen auf mehrere zusammenstößt, so ist Gefahr, geschlagen zu werden;
denn wen es einmal anrennt, an dem läßt es seine Wut aus. Sobald
die Hunde dem Keffel nahe sind, springen sie ein. Angeregt (θορυβού-
μενος) nun springt das Tier auf und schleudert den Hund, der es
vorne angreift, in die Luft. Wird es flüchtig, so gerät es in das
Netz; ist dies nicht der Fall, so heißt es ihm nachsetzen. Ist der
Ort abhängig, in dem es sich in das Netz verschlagen hat, so
wird es flugs vordringen, ist er dagegen eben, so wird es stehen
bleiben und sich durchzuschlagen suchen. In diesem Augenblicke sollen
die Hunde anpacken; die Jäger aber mit aller Vorsicht Wurfspieße und
Steine nach dem Tiere schleudern, indem siees von hinten und zwar in
ziemlicher Entfernung umstehen, bis es, sich vordrängend, die Leinen des
Garns anspannt. Hierauf muß der erfahrenste und sicherste unter den
Anwesenden auf den Kopf vorgehen und es mit der Schweinsfeder ab
fangen. Wenn es aber trotz der Spieß- und Steinwürfe die Zug
leinen nicht anspannen will, sondern loslassend sich herumwirft und
den Herankommenden annimmt, (πρὸς τὸν προσιόντα περίδρομον
ποιούμενος) so bleibt nichts übrig, als, sobald es dazu Miene macht,
mit der Schweinsfeder vorzugehen und dabei dieselbe vorne mit dee
linken, hinten mit der rechten zu fassen (die linke nämlich gibt dir
Richtung, die rechte den Nachdruck). Angetreten werde mit dem
linken Fuße! Man lege aber die Schweinsfeder mit aller Vorsicht
aus, damit nicht das Tier sie durch eine ausweichende Wendung des
Kopfes aus der Hand schlage; denn der Wucht des Schlages folgt es
selbst nach. Wem dies widerfährt, der muß sich auf das Gesicht nieder-
werfen und am Gehölz unter sich festhalten; denn das Tier kann,
wenn es ihn in solcher Lage angeht. wegen der Krümme seiner Gewehre den Körper nicht von unten fassen; wenn es ihn dagegen in

aufrechter Stellung annimmt, so wird er unausbleiblich geschlagen werden. Es versucht daher ihn aufzurichten, und wenn es das nicht kann, so tritt es auf ihm herum. In solcher Not gibt es nur ein Rettungsmittel, daß nämlich einer von den Jagdgenossen mit einem Fangeisen in der Hand nahe herantritt und es reizt, als ob er es werfen wollte. Werfen darf er es aber nicht, damit er nicht den am Boden Liegenden treffe. Dieses sehend wird es den, welchen es unter sich hat, verlassen und voll Zorn und Wut gegen den sich wenden, der es reizt. Jener aber muß flugs aufspringen und das Fangeisen wieder bereit halten. In seiner Wut nun geht es vor und rennt mit fürchterlichem Ungestüm in das vorgehaltene Fangeisen.

Gefangen wird es übrigens auch, wenn es bei übergroßer Hitze von den Hunden verfolgt wird; denn trotz seiner überlegenen Stärke ermattet das Tier, weil es außer Atem kommt.

Freilich finden auf solcher Jagd viele Hunde ihren Tod und die Jäger selbst setzen sich Gefahren aus.

Die Frischlinge wegzufangen hat seine Schwierigkeiten; denn einmal werden sie nie allein gelassen, so lange sie jung sind, und dann, wenn die Hunde sie aufspüren oder sie irgend etwas merken, so verschwinden sie plötzlich zu Holz, und in der Regel folgen ihnen die Alten (beide?) welche dann besonders wütend sind und für jene sich mehr wehren, als für sich selber.

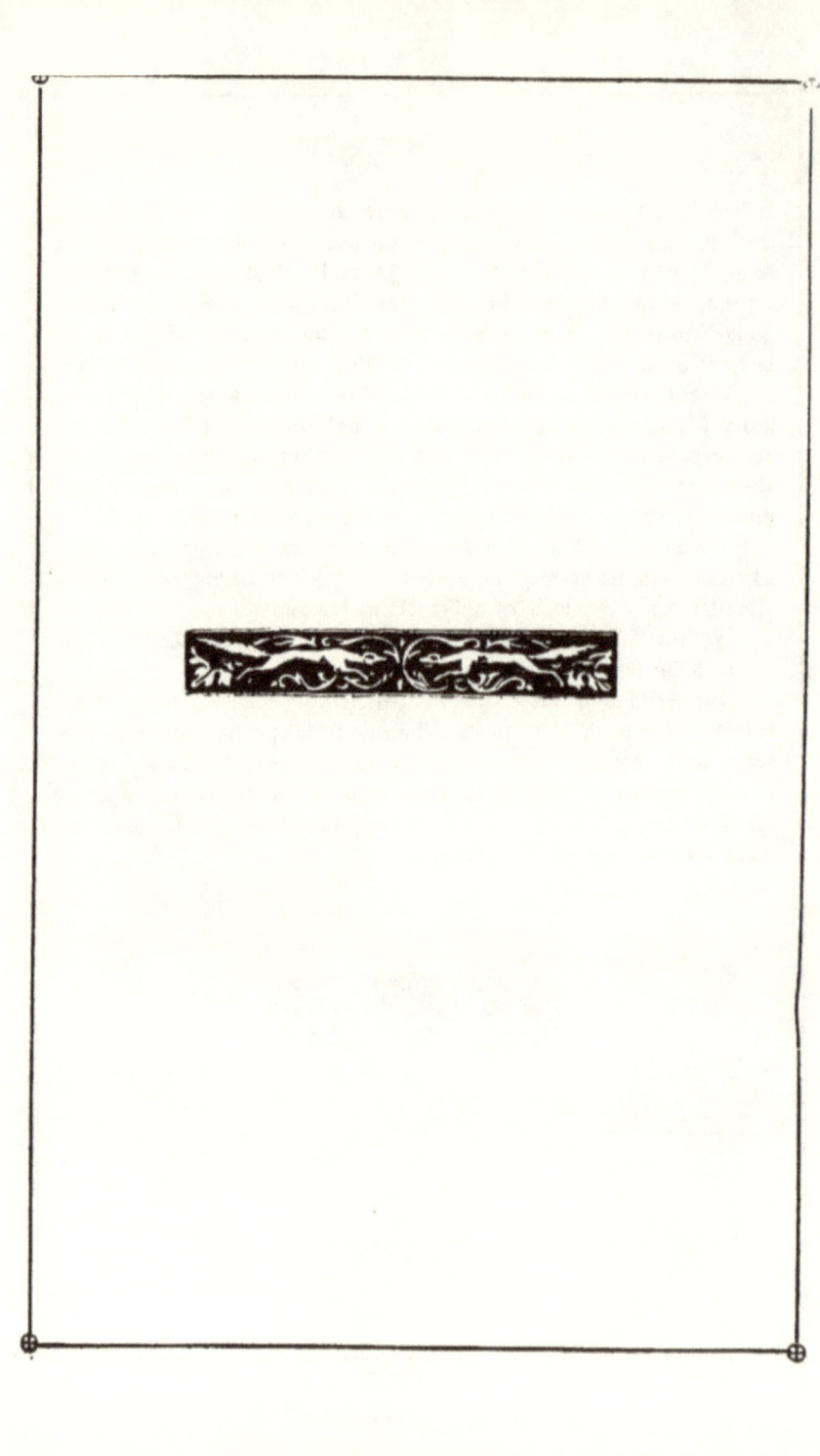

IX.
Jagd auf Raubwild.

Der Jagd auf Raubwild widmet Xenophon nur ein einziges Capitel. Sein summarischer Bericht hierüber lautet: Löwen, Leoparden, Luchse, Panther, Bären und alle sonstigen Tiere dieser Ordnung werden in fremden Ländern gefangen und zwar auf dem Pangäischen Gebirge und dem Kissus in Mazedonien, ferner auf dem Mysischen Olymp und dem Pindus und auf dem Nysa an der Grenze Syriens und auf anderen Gebirgen, welche dem Fortkommen dieser Tiere günstig sind. Gefangen werden sie dort wegen des für die Jagd ungünstigen Terrains durch Gift vom Eisenhut. Dieses legen die Jäger gemischt mit dem Lieblingsfraße derselben an Gewässer oder Wechsel; oder sie werden, wenn sie nachts auf die Ebene herabwechseln, zu Pferde und mit Waffen gejagt, nachdem man ihnen den Rückweg abgeschnitten hat, was oft nicht ohne Gefahr für die Jäger abläuft. Zuweilen macht man ihnen auch runde, große und tiefe Gruben, in denen man eine Säule von Erde stehen läßt. Auf diese pflegt man nun gegen Nacht eine Ziege zu stellen, die man anbindet, und die Grube mit Holz rings zu umzäunen, so daß sie von keiner Seite erblickt werden kann. — Die Tiere nun hören bei Nacht das Geschrei der Ziege und kommen heran; finden sie dann keinen freien Zugang, so springen sie darüber hinweg und fangen sich so selbst.

Jagd auf Löwen.

Der Löwe nimmt in den homerischen Vergleichen eine hervorragende Stellung ein, indem sich mehr als der dritte Teil sämtlicher Gleichnisse auf ihn beziehen; z. B. Menelaus freut sich beim Anblick des Paris, wie ein Löwe über fette Beute, Hirsch oder Ziege.

23. — Agamemnon gleicht dem Löwen, der einen Stier aus der Herde faßt und zermalmt. *A 172.* — Hektor wütet unter den Griechen, wie ein Löwe unter weidenden Rindern. *O, 630.* — Der Kyklope Polyphem gleicht dem Bergleu, der Alles mit Haut und Haaren frißt. *ι, 292.* — Ajas weicht langsam zurück, wie ein Löwe von der bewachten Herde, durch Männer und Hunde zum Rückzuge gezwungen. *A 548.* — Hektor wütet unter den Griechen, wie ein Löwe oder Eber unter den Jägern. *M 41.* — Hektor weicht nicht von der Leiche des Patroklus, wie der Löwe vom Gehege. *P 109.* — Ajas rettet den verwundeten Odysseus aus den Händen der ihn bedrängenden Troer, wie der Löwe die Schakale verscheucht, die über einen angeschossenen Hirsch hergefallen sind. *A 474.* — Hektor besiegt den Patroklus, wie der Löwe den Eber, mit dem er um eine Quelle gekämpft hat. *II 824.* — (Vergl. Dr. Frommann.)

Daß Löwenjagden sehr beliebt waren, ergibt sich schon daraus, daß solche in Gemälden häufig dargestellt wurden.

Oppian beschreibt mehrere Methoden von Jagden auf Löwen, wie sie nämlich 1) in Libyen, 2) an den Ufern des Euphrat und 3) in Aethiopien beliebt waren.

In Libyen, sagt er, begeben sich die Jäger in die Nähe der Höhle des Löwen, und suchen die Spur ab, die derselbe bei seinem Gange zur Tränke hinterläßt. Dann machen sie eine runde, weite und tiefe Grube und errichten darin eine Säule von Stein, woran sie ein noch saugendes Lamm anbinden. Die Grube umgeben sie mit einem Walle. Dann legen sie sich in den Hinterhalt. Auf das Geblöck des Lammes kommt der Löwe an die Grube und springt über den Wall in die Grube, woraus er vergebens wieder zu entkommen sucht. Nun kommen die Jäger herbei und lassen einen Käfig, worin sie Köder niedergelegt haben, in die Grube hinab. In diesem wird aber der Löwe, der in der Erwartung, so eher aus der Grube zu entrinnen, hineinspringt, gefangen.

An den Ufern des Euphrat wurde der Löwe mit Pferden, die sich vor dem Brüllen nicht fürchteten, in Netze gejagt. Diese, deren eine große Anzahl in weiter Ausdehnung aufgestellt war, wurden von Männern, die in Distanzen auf Gehörweite von einander standen, bedient, während andere mit Fackeln und unter lautem Getöse mit Schilden den Löwen aufschreckten, verfolgten und so in die Netze trieben.

In Aethiopien gingen die Jäger mit großer Kühnheit dem Löwen persönlich zu Leibe und erlegten ihn in offenem Kampfe. Sie bewaffneten sich mit festen Schilden aus Flechtwerk und Leder zur ersten Deckung beim Ansprunge des Tieres; ferner trugen sie ein Gewand aus Wollenstoff, mit Riemen stark verschnürt, und einen Helm, so eingehüllt, daß nur Augen, Nase und Mund unbedeckt waren. So zogen sie in größerer Gesellschaft aus, den Löwen in seiner Höhle aufzusuchen. Dieser nun, mit lautem Peitschenknallen hervorgelockt, stürzte sich sofort mit aufgesperrtem Rachen und funkelnden Augen auf den nächstbesten seiner Gegner los. Nun hieben die anderen von der Seite auf ihn ein, bis er zornig von dem ersten abließ und einen zweiten angriff. Dann wurde er wieder von dn anderen gereizt, bis er zuletzt ermüdete und endlich überwältigt in Fesseln gelegt wurde. In anschaulicher Weise schildert Oppian den Ausgang eines solchen Kampfes, denselben mit dem heißen Ringen eines gegen Uebermacht kämpfenden Helden in der Männerschlacht oder mit der Besiegung eines bisher unbesiegten rüstigen Faustkämpfers vergleichend, also:

Wie im Getöse der Schlacht den heldenmütigen Streiter
Rings umschließt eine Schar von Gegnern im tobenden Kampfe;
Der aber stürmt, von des Ares Wut entflammt, zum Angriff
Hieher, dorthin und schwingt in der Hand die blutige Lanze.
Endlich bezwingt ihn die Schar der wildanstürmenden Feinde,
Alle zugleich herstürzend; nun auf dem Boden sich krümmt er;
Speer auf Speer ihn durchbohrt in weithin rauschendem Fluge.
So nun ermattet der Leu nach viel vergeblichem Mühen,
Ueberlassend zuletzt ohne Streit dem Feinde den Kampfpreis.
Schaum ihm fließet herab auf die blutbesudelte Erde;
Gleich als erfaßte ihn Scham, er senket den Blick auf den Boden.—
Wie dann ein Mann, der oft um die Schläf' sich gewunden den
                               Oelzweig,
Ringend im Faustkampf, nun dem stärkeren Gegner erlieget
Unter der Wucht der rasch nacheinander erhaltenen Schläge;
Anfangs steht er bedeckt von reich sich ergießendem Blutstrom,
Gleich als wäre vom Wein er berauscht, und es neiget sein Haupt sich,
Dann aber beugt er zurück sich und sinket gestreckt auf die Erde;
Also streckt auch der Leu in den Sand die ermatteten Glieder.

Eine Abbildung nach einer Freske auf dem Grabmale der Nasonen am Flaminischen Wege bei Rom zeigt eine eigentümliche Art, wie man oft auch wilde Tiere, z. B. Tiger, zu fangen pflegte. Man raubte die Jungen und brachte sie in einen Käfig, vor welchem ein Spiegel angebracht war. Das Alte, durch das Geschrei der Jungen herbeigelockt, erblickte nun sofort in dem Spiegel sein Bild, hinter welchem es natürlich einen Feind seiner Jungen vermutete. Indem er sich nun gegen diesen stellte, wurde seine Aufmerksamkeit von den lauernden und mit dem Schild sich deckenden Jägern abgelenkt, von diesen so jagdgerecht gemacht und mit dem Spieße angegriffen und erlegt.

Jagd auf Bären.

Die Jagd auf Bären schildert Oppian in folgender Weise: In Armenien und an den Ufern des Tigris begibt sich eine zahlreiche Jagdgesellschaft in die Schluchten, wo die Bären hausen. Am Orte angekommen, werden Netze fängisch aufgestellt. Dann begibt sich ein Jäger mit gekoppelten Hunden vorwärts. Die Hunde nehmen alsbald die Spur auf und suchen unruhig, bis sie zur Höhle, wo der Bär lagert, kommen.

Dann geben sie stark laut. Nun eilt der Jäger zur Jagdgesellschaft zurück, um sie an das Lager hinzuführen. In größerem Bogen wird vorgerückt, wobei von zwei Männern ein langes Seil, mit bunten Bändern und Federn behangen, vorgetragen wird. Gegenüber der Höhle wird halt gemacht; ein Teil der Jäger stellte sich zu beiden Seiten der Höhle auf; andere verbergen sich hinter dem Blendzeug im Gebüsche, selbst mit Laub und Zweigen bedeckt. Nun erschallt ein lauter Trompetenstoß. Brummend und wild blickend stürzt das gereizte Tier aus seinem Versteck. Sofort aber von beiden Seiten angegriffen und von vorne durch das geschwungene Seil und die anstürmenden Männer in ihrer seltsamen Bekleidung erschreckt, sucht das Tier einen Ausweg an einer freien Stelle und stürzt die Anhöhe hinab, um das Freie zu gewinnen. Hinter ihm folgt die Jagd mit lautem Lärmen, schreiend, unter Trompetenschall, unter fortwährendem Schwingen des Seiles. Geängstigt und erschreckt und alle Augenblicke umsehend, fällt das Tier in das aufgestellte Netz, wo es über-

wältigt und gefangen wird. Den Eifer, womit die Hunde die Spur anfallen und ihre Freude, wenn sie das Lager aufgespürt haben, schildert der Dichter in folgendem Vergleiche:
Wie ein Mädchen zur Zeit des Milch reichspendenden Frühlings
Auf den Bergen umher irrt — unbeschuht sind die Füße —,
Blumen geht sie pflücken; und wenn auch noch so verborgen,
Meldet ihr doch von weitem sich schon das duftende Veilchen;
Freude erfüllet sie da, und es lacht das Herz ihr im Busen;
Nimmer pflückt sie sich satt; und Blumen ins Haar sich geflochten
Kommt sie mit Jauchzen zurück zur Wohnung der ländlichen Eltern:
Also erfreut ist das Herz der mutvoll jagenden Hunde.
Auch den römischen Jägern war der Bär wohlbekannt. Er scheint sich besonders in Apulien (wovon Horaz carm. III, 4, 17 und 18 singt, daß er dort als Knabe unter göttlicher Huld geschlafen habe tuto corpore ab atris viperis et ursis) und in Lukanien (Foedus Lucanis provolvitur ursus ab antris, Ovid. Hal. 58) gehalten zu haben. Er brach zur Nachtszeit in Ställe ein (Vespertinus circumgemit ursus ovile, Hor. ep. 16, 51), fing Hirsche (fugax avidis cervus deprensus ab ursis. Ovid tr. 3, 11, 11.) und griff Stiere an, indem er ihnen auf den Nacken sprang und sie, mit allen Vieren sich anklammernd, matt machte und dann zerriß. (vergl. Plin. VIII, 131.)

Gefangen wurden sie nach Ovid met. 2, 498 in Netzen, sonst wohl auch in Fanggruben; oder sie wurden in ähnlicher Weise erlegt, wie das Schwarzwild, oder durch Gift getötet.

Jagd auf Wölfe.

Wölfe gab es in zahlreicher Menge; sie waren eine wahre Plage für die Viehbesitzer, in deren Stallungen sie einbrachen, um das Vieh zu rauben (pleno lupus insidiatus ovili Verg. Aen. IX, 59., quaesitum agnum a stabulis rapuit lupus; id. Aen. IX, 565). Ebenso setzten sie dem Hirsch- und Rehwild hart zu. (cervi luporum praeda rapacium, Hor. carm. IV, 4, 50.) — Vergl. oben die Bemerkung zur „Jagd auf Rehwild!" (Dem dort angeführten Ausspruche Horaz': prius iungentur capreae lupis entspricht das bei den Griechen zur Bezeichnung des Unmöglichen gebrauchte Sprichwort: λύκος οἶν ὑμεναιοῖ.) Sprichwörtlich war des Wolfes zudringliche Frechheit (urget lupus Hor. sat

II, 2, 64). Als treffliche Wächter gegen ihre nächtlichen Einfälle bezeichnet Vergil G. III, 405 die Spartanischen und Molossischen Hunde. Häufig fanden sie sich in Apulien (Apulis lupis, Horaz. carm. I, 33,7) und im Lande der Phokier (Phocaeorum velut profugit exsecreta civitas agros atque Lares patrios habitandaque sana apris reliquit et rapacibus lupis, Hor. ep. 16, 20). Ueber die Erlegung der Wölfe berichtet Oppian nur: θηρητῆρε λύκους ὄλεσαν, ohne nähere Angabe der Art und Weise, wie sie dabei zu Werke gingen. — Apollo führt den Beinamen λυκοκτόνος. Da ferner λυκοκτόνος auch als Epitheton zu φαρέτρη vorkömmt so ist daraus ersichtlich, daß Wölfe mit dem Pfeile erlegt wurden. Sonst setzte man ihnen wohl mit Gift zu oder fing sie lebendig in Gruben (cautus metuit foveam lupus, Hor. ep. I, 16, 50) und in Netzen (canes impellunt in plagas lupum, Plaut. Poen. I, 3, 35.)

Jagd auf Füchse.

Die Füchse, sagt Oppian, sind nicht wohl durch Nachstellungen und in Netzen zu fangen. Sie sind schlau und merken die List sofort; ja sie sind sogar gewandt, nicht bloß Stricke zu zerreißen, sondern auch Schlingen zu lösen und durch Ränke und Verschlagenheit dem drohenden Verderben zu entrinnen. Nur die Hunde können ihnen etwas anhaben, indem sie dieselben fangen und erwürgen, aber auch dieses häufig nur nach heftiger Gegenwehr, wobei es beiderseits stark Blutverlust gibt. — Die Schlauheit des Fuchses, sein Mißtrauen und seine Behutsamkeit (v. astuta cauta) waren schon bei den Alten sprichwörtlich. Dem kranken Löwen, der seine Höhle nicht mehr verlassen kann, dankt er auf dessen Einladung, ihn zu besuchen, mit den Worten: Ich sehe viele Spuren in deine Höhle hinein-, aber keine herausführen. (Horat. ep. I, 1, 73.) Und meisterlich verstand er es auch ehemals, wie kein anderes Tier, den Erfolg fremder Arbeit sich zu nutze zu machen, in welcher Beziehung er gerne zu dem edleren Löwen in Gegensatz gestellt wurde, wie bei Hor. sat. II, 3, 186.

X.
Jagd auf Federwild.

Federwild gab es allenthalben in großer Menge. An der Meeresküste, in den zahlreichen Sümpfen und Lagunen fanden die wilden Schwäne, Gänse, Enten, Flamingos, Störche willkommene Standorte. Desgleichen fanden sich Strichvögel auf dem Zuge von Norden nach Süden in Griechenland und Italien scharenweise ein. Besonders reich an solchem Wilde war Lybien — magnarum avium creatrix, Nemes. 313, illic sine fine greges florentibus alis Invenies avium, id. 319.

Bei Vergil macht Venus den Aeneas auf einen Zug (agmen) wilder Schwäne aufmerksam. Eben hatte sie ein herabstoßender (delapsus) Raubvogel aufgeschreckt: in langer Reihe durchstreichen sie den weiten Luftraum. Dann fallen sie wieder ein.

Homer (II. 459—464) vergleicht das aufregende Getöse der in das Schlachtfeld einziehenden Kriegsscharen mit dem jedem Jäger wohlbekannten Rufen und dem Flügelschlage des einfallenden und sich wieder erhebenden Wassergeflügels, das den anpirschenden Jäger mit süßem Schauern erfüllt:

„Wie zahlreiche Scharen der gefiederten Bewohner der Luft, nämlich der wilden Gänse, Kraniche oder langhalsigen Schwäne, in Lydiens Gefilden an den Ufern des Kayster dort und da auffliegen mit rauschendem Schwunge ihrer Flügel; vorher saßen sie da mit Geschrei, daß das Gefilde erdröhnte: — so zogen die zahlreichen Kriegsscharen ein in die Skamandrische Ebene, und unter ihren Füßen und den Hufen der Pferde erdröhnte gewaltig die Erde."

Die Jagd auf Federwild gehörte zu den Lieblingsbeschäftigungen der Jäger und Jagdliebhaber.

Sie macht viel Vergnügen, sagt Oppian; man braucht hiezu keine Waffe, sondern bedient sich des Falken:

„Mit in den Wald dir folgt getreu als Gefährte der Falke;" außerdem langer Fangschnüre (θώμιγγες), Ruten und Vogelleim.

Drosseln und Kraniche wurden in Fallnetzen und Schlingen gefangen (amite levi rara tendit retia, Turdis edacibus dolos — et advenam laqueo gruem, Hor. epod. 2, 33 ff. Cautus metuit accipiter suspectos laqueos id. epist. I, 16, 50. — Tum gruibus pedicas et retia ponere cervis, Verg. G. I, 307, wo pedicas in bezug auf gruibus im Sinne von laqueos genommen werden muß).

In Thracien, erzählt Aelian, pflegen die Jäger an Sümpfen Netze auszuspannen. Die Falken stoßen sodann auf das Wasser herab, scheuchen das Geflügel auf und treiben es in die Netze. Von dem Fange aber, fügt er hinzu, pflegen ihnen die Jäger ihren Anteil zu geben, damit sie so den Lohn für ihre Dienstleistung erhalten. Würde man das nicht thuen, so ginge man ihrer Bundesgenossenschaft verlustig.

Ueber die Jagd auf Federwild gibt ferner der Verfasser der ἰξευτικά eine ausführliche Darstellung, der wir Folgendes entnehmen.

Die Menschen setzen sich nicht bloß über die Gefahren zu Wasser und zu Lande hinweg, sondern sie versuchen es auch mit dem Luftraum und stellen dem weit umherirrenden Geflügel nach. Was nun die Jäger und Fischer betrifft, so haben diese oft mehr Gefahr, als Vergnügen in Aussicht; letztere im Kampfe mit Stürmen, unter deren Wucht ihre Schiffe zerschellen, oder mit Seeungeheuern, denen sie nur zu leicht erliegen; erstere in den Schluchten des Gebirges, wo die wilden Tiere hausen und den Jäger oft hinterrücks angreifen, ehe er sich der Abwehr versieht, so daß er wehrlos erliegen muß, oder wo noch häufiger einer im Kampfe fällt oder von der Höhe in den Abgrund rettungslos hinabgeschleudert wird. Dem Vogelsteller aber droht keine Gefahr, weder von dem Geflügel noch von dem Jagdterrain, denn er braucht nicht die Höhen der Berge zu erklimmen, noch in die Abgründe hinabzusteigen; er braucht nur auf ebenem Gefilde, auf Wiesen und im Haine herumzuwandeln, wo er Vergnügen genießt und an dem lieblichen Gesange der Vögel sich erfreut.

Dazu braucht er ferner weder Messer, noch Knüttel, oder Jagdspieß, keine Hunde und kein großes Fangnetz, sondern nur Vogelleim (ἰξός), Ruten (κάλαμοι), dünne Netze (λεπτα λίνα) und leichtes Binsengeflecht (κύρτοι ἐλαφρότατοι), Dinge, die er ohne Beschwerde unter dem Arme tragen kann. Dazu manchmal noch einen Zweig, mit allerlei Blättern umwunden, und zahme Vögel zur Hilfe bei dem Fange. Der Vogelfänger aber muß flink und behend sein, scharf sehen und sich auf List verstehen, die Stimmen der Vögel nachzuahmen, und ihnen, wenn sie auf den Zweigen umherhüpfen, nachzugehen wissen.

Sein Werkzeug besteht aus Vogelleim, Schleifen von Roßhaarnetzen (λίνα), Schlingen (πάγαι), Lockpfeife (πηκτίς), Köder (δέλαρ, τροφή) und einem Lockvogel ((σύμφυλος ὄρνις d. h. einem Vogel von gleicher Gattung).

Kleinere Vögel nun, z. B. Lerchen, wurden mittels Leim an Ruten, die auf Bäumen, auf der Erde, oder im Neste der Vögel (ἐν τῇ θαλάμῃ) gestellt waren, oder in Schlingen gefangen, und zwar besonders im Frühjahr. Andere wieder im Winter mit Hilfe des Lockvogels, der sie an einen Baum mit künstlichen Blättern und Zweigen lockte. Besonderes Vergnügen brachte der Fang mit einem gefesselten Falken: Derselbe wurde auf einem Baumstrunk aufgestellt; bei seinem Anblick nun duckten sich die Vögel aus Angst unter die Zweige und wagten „wie Menschen, die auf ihrer Wanderung plötzlich einen Räuber vor sich sehen, weder vorwärts noch rückwärts zu gehen wagen", sich nicht zu rühren, fest gebannt von dem Anblicke des Raubvogels. So konnte der Vogelsteller sich leicht ihrer bemächtigen.

Rebhühner wurden in Netzen, oder mittelst der Lockpfeife oder des Lockvogels gefangen. Ebenso Wachteln am Abende mit dünnen Netzen (νεφέλαι — σαγῆναι), in die sie durch den Schlag einer gezähmten Wachtel hineingelockt wurden. Kraniche wurden in Gruben mittels Köder gelockt und dort mit Leimruten gefangen.

Wildtauben waren äußerst schwer zu fangen (δυσμηχανώτατον ἑλεῖν): aber durch List kam man auch hier zum Ziele. Man stellte ein Fallnetz in der Nähe des Ortes, wo Tauben sich hielten, auf, legte Köder (ἄχυρον, Spreu, Hülsen, Kleie) und setzte eine bereits gefangene und geblendete Taube ein, deren Ständer an einem dünnen Faden angebunden wurden. Indem nun der Vogelsteller von seinem Verstecke aus den Faden anzog, versetzte er die gefangene Taube in Unruhe, und auf ihr Schlagen mit den Flügeln und ihren Ruf kamen

www.ingramcontent.com/pod-product-compliance
Lightning Source LLC
Chambersburg PA
CBHW020744020526
44115CB00030B/1044